EL LIBRO
DE LOS
NOMBRES

EL LIBRO
DE LOS
NOMBRES

EDICIONES OBELISCO

Si este libro le ha interesado y desea que le mantengamos informado de nues-
tras publicaciones, escríbanos indicándonos qué temas son de su interés
(Astrología, Autoayuda, Ciencias Ocultas, Artes Marciales, Naturismo,
Espiritualidad, Tradición...) y gustosamente le complaceremos.

Puede consultar nuestro catálogo en http://www.edicionesobelisco.com

EL LIBRO DE LOS NOMBRES

1ª edición: marzo de 2000
5ª edición: marzo de 2004

Diseño de cubierta: *Michael Newman*

© 1994, Ediciones Obelisco S.L.
(Reservados todos los derechos para todos los países)

Edita: Ediciones Obelisco S.L.
Pere IV, 78 (Edif. Pedro IV) 3ª planta 5ª puerta.
08005 Barcelona-España
Tel. 93 309 85 25 - Fax 93 309 85 23
E-mail: obelisco@edicionesobelisco.com

Depósito Legal: B-14.302-2004
ISBN: 84-7720-393-8

Printed in Spain

Impreso en España en los talleres gráficos de Romanyà/Valls S.A.
Verdaguer, 1 – 08076 Capellades (Barcelona)

PRÓLOGO

Son muchas las razones por las cuales nos llamamos con uno u otro nombre. Por lo general, cuando los padres o padrinos eligen nombre para un recién nacido, lo hacen pensando en un personaje al que admiran por una u otra razón, que les es simpático o querido: «El niño se llamará Óscar, como su abuelo». Y no importa que el nombre sea feo o bonito, que suene mejor o peor, sino que se piensa en él por ser el de un antepasado al que, por sus acciones y virtudes, se recuerda con cariño e incluso con veneración. La idea subliminal, el propósito escondido, no es que Óscar se llame como su abuelo, *sino que sea como su abuelo*. Inconscientemente, estamos intentando, sin saberlo, un verdadero acto de *magia*, proyectando un deseo. Y, ¿puede dudarse de que este deseo recóndito no acabe influyendo en el *sui generis* del neonato, aproximándolo al arquetipo que se pretende le sirva de modelo?

Tanto si se trata de un pariente como de un personaje histórico o de una estrella del cine, la intención no es otra que la de que el niño se parezca lo más posible a la persona cuyo nombre se le va a imponer. En ocasiones ni tan siquiera es importante que el espejo en que deseamos que el recién nacido se mire no arroje una imagen real sino un protagonista novelesco o de ficción; el caso es que los padres lo admiran por las hazañas que lo hicieron famoso y desean verlas emuladas, reproducidas, en la persona de aquél a quien han dado vida; vida que de algún modo y aunque digan lo contrario, pretenden manipular, mediatizar. Porque de no ser así, ¿qué costaría dejar que cada uno eligiese su propio nombre cuando estuviera en condiciones razonables de hacerlo?

Admitimos la posibilidad de que los lectores observen que las características que atribuimos —a lo largo de las páginas de este libro— a tal o cual nombre, no concuerden o no se reproduzcan con exactitud en aquellas personas por ellos conocidas que se llaman de igual modo. No estamos ante una ciencia exacta, ni mucho menos. En tales casos deberá tenerse en cuenta que la influencia de los nombres está incursa, como todas las demás reglas, en el capítulo de las excepciones y que, además, la susodicha influencia puede verse alterada o modificada en razón del ambiente, *status* social al que se pertenece, influencias externas, educación recibida, condicionantes profesionales o de cualquier otra índole, etcétera. También es digno de considerarse el hecho de que, aun siendo el primer nombre quien caracteriza al individuo, el segundo tiene sobre éste una gran influencia y que, para establecer la caracterología del sujeto, hay que combinar las cualidades o defectos de ambos; el tercer nombre es el menos importante, pues su elección se debe en la mayoría de los casos a la casualidad o se elige precipitadamente cuando se les recuerda a los padres o padrinos que han de ser «tres» los que hay que asignar al neonato. En consecuencia, pues, hay que estudiar el carácter examinando el nombre en sí, aquél por el que el individuo será conocido en el futuro, pero siempre con relación al segundo, combinando los resultados que arrojen ambos «factores» y haciendo una síntesis de los mismos. En muchas ocasiones, nuestro primer nombre alude a *cómo querrían los demás* que fuéramos, mientras que el segundo corresponde más bien a quién *vamos por acabar* siendo en realidad.

Un ejemplo palmario de la influencia que puede tener el segundo nombre viene dado en la circunstancia de que, por ejemplo en nuestro país, hay nombres más comunes que otros a muchísimas personas: Juan, José, Pedro... ¿Podemos acaso pretender que todos los juanes, josés y pedros sean iguales? No... De ahí, pues, la importancia de que un Juan sea Juan Luis, otro Juan María, Juan José, Juan Ignacio, y un larguísimo etcétera. En otros países, como por ejemplo Francia o Argentina (un país de cultura francesa) los nombres compuestos son mucho más comunes que en España.

Nosotros, es obvio, analizaremos en las páginas de este volumen los nombres aisladamente, ante la imposibilidad manifiesta de prever las infinitas combinaciones que pueden llegar a realizarse calendario en mano. Pese a ello sugerimos al lector que, cuando se trate de un nombre compuesto (José Luis, Juan Antonio, María José, Rosa María...), busquen los nombres uno por uno y si el primero, aquél por el que suele llamarse a la persona, no respondiese en todas sus partes al carácter de quien lo lleva (en el supuesto de que aquélla les resulte bien conocida), combinen sus cualidades —o defectos— con las del segundo y aun con las del tercer nombre para encontrar la semblanza exacta.

Por lo que se refiere a los pseudónimos —utilizados frecuentemente y con preferencia por escritores, artistas, pintores y periodistas—, conviene informar al respecto que cuando su popularidad hace pasar a segundo término el nombre verdadero, representan el oficio de tal como plasmadores del carácter y personalidad o, cuando menos, influyen en ellos tanto como el genuino, fusionándose sus virtudes (o defectos).

También es importante reseñar que aun siendo nuestra pretensión la de mantener respetuosamente una estructura concreta y común a todos los nombres —a la hora de realizar el análisis de cada uno de los que presentamos—, ello nos ha resultado casi imposible al darse la circunstancia de que las fuentes documentales consultadas al respecto mantienen criterios variopintos y no guardan en sus diagnósticos una escrupulo, sí observará el lector que hemos establecido una especie de «líneas maestras» extensivas a los nombres a los cuales hacemos objeto de estudio.

Hemos de hacer una última observación. En este compendio nos hemos limitado a estudiar los nombres más corrientes, usuales y conocidos, que se escriben en lengua castellana o española (España propiamente dicha y países de habla hispana). La raza y la nacionalidad son factores determinantes que influyen grandemente en los nombres, por lo que nos hemos mantenido dentro de los límites señalados. Asimismo, no consideramos en ningún momento los diminutivos, coloquiales, contracciones, deformaciones, anglicismos, neologismos y dislocaciones (Quique, Pitus, Pili, Max, Frank, Tony...), que el esnobismo o el uso familiar hace sufrir a muchos nombres.

LOS NÚMEROS DE LOS NOMBRES

Cualquier nombre propio puede ser expresado por su número, que obtenemos al sumar el valor de sus letras con arreglo a la tabla siguiente; además, cada número puede ser reducido o simplificado:

			Simplificados
A = 1	J = 10	S = 19	1
B = 2	K = 11	T = 20	2
C = 3	L = 12	U = 21	3
D = 4	M = 13	V = 22	4
E = 5	N = 14	W = 23	5
F = 6	O = 15	X = 24	6
G = 7	P = 16	Y = 25	7
H = 8	Q = 17	Z = 26	8
I = 9	R = 18		9

Así, por ejemplo JUAN puede traducirse de este modo:

J U A N
$10 + 21 + 1 + 14 = 46$ o bien $4 + 6 = 10$ o, si lo preferimos reducido, $1 + 0 = 1$

11

Mediante este sencillo sistema, podemos reducir todos los nombres a uno de los nueve primeros números del sistema decimal. Ello no quiere decir que haya 9 tipos de personas, como tampoco son doce por ser 12 los signos del zodíaco. Ello quiere decir que cada nombre pertenece o sintoniza con una vibración numérica.

Al lado de cada uno de los nombres que aparecen en este libro, hemos colocado su valor numérico completo; a partir de él podemos calcular fácilmente el simplificado y, de acuerdo con lo que sigue, averiguar cuestiones relativas al destino del sujeto.

Número simplicado 1

Lo encontramos en los César, los Vicente o los Nicolás, todos ellos nombres típicos de vencedores, de líderes. Son realmente los «números 1» en todo lo que emprenden, si es lo adecuado a su destino. Si se apartan de su destino, por el contrario, son magníficos candidatos al fracaso.

Si el número 1 es un número de líderes, también es un número de responsabilidades. Corresponde a los innovadores, a los inventores, a aquellos que han de introducir ideas o conceptos nuevos en una sociedad que, las más de las veces les es hostil. Deben aprender a ingeniárselas y vencer el rechazo que obligatoriamente van a encontrar a su alrededor.

Nerviosos, impacientes, suelen proponerse metas difíciles de alcanzar, pues saben que los desafíos les hacen dar lo mejor de sí mismos. Pero ocurre que a veces carecen de la paciencia necesaria para cumplir con sus compromisos y llegar al final de las cosas.

Muy exigentes, suelen ser poco comprensivos con los defectos de los demás.

Número simplificado 2

En este número encontramos a los Adán y a los Jesús, lo cual nos indica que es ante todo un número «humano». Efectivamente, los números 2 carecen de la arrogancia del 1 y suelen ser mucho más amables, sensibles y comprensivos. Trabajadores pacientes e incansables, acostumbran a llegar hasta el final en aquello que han emprendido. Su extraordinaria capacidad de acción puede, sin embargo, topar con dos problemas: la indecisión o la sensiblería. Con todo, saben mantener la calma y la sangre fría, y su obstinación natural les ayuda a llegar al final de las cosas.

Número simplificado 3

En este número encontramos a los Leonardo, los Arturo y los Roberto, lo cual nos habla enseguida de artistas, escritores y creadores. Son ante todo grandes comunicadores, muy sensibles al *qué dirán* y a las opiniones de la crítica o de la prensa. Prácticos e inteligentes, no se dejan pisar y sacan el máximo partido de sus habilidades naturales. Son, por regla general, excelentes vendedores pues gozan de una gran capacidad de persuasión. En su vida amorosa son unos grandes sentimentales, apasionados y románticos y suelen tener múltiples relaciones al mismo tiempo.

Número simplificado 4

Encontramos en este número a los Germán, los José y los Octavio. Es ante todo un número que indica una gran capacidad mental, que se enfoca preferentemente en lo práctico, en lo material. Por regla general, son excelentes organizadores, que tienen las ideas muy claras y saben cómo solucionar creativamente cualquier tipo de problema. Muy trabajadores, les interesa, sobre todo, construir. Discretos, responsables y prudentes, son honestos y fieles administradores. Suelen ocupar puestos de confianza o tener su propio negocio. Pueden, a veces, actuar de un modo totalmente desinteresado.

Número simplificado 5

Es el número de los Carlos, los Eduardo y los Santiago. Tímidos y retraídos, tienen sin embargo una gran necesidad de que se les valore. No son excesivamente inteligentes, pero saben desenvolverse muy bien en todo tipo de ambientes. Imaginativos y simpáticos, son grandes actores.

Les interesa el mundo del arte, la pintura y la danza. Les gusta alternar con personas famosas o de un nivel social superior. No les gustan las responsabilidades ni los compromisos, aunque de cara a la galería pueden actuar con actitudes paternalistas y protectoras hacia aquellos que consideran más débiles o desprotegidos.

Número simplificado 6

Es el número de los Álvaro, los Damián o los Ernesto. Son rápidos e inteligentes y gozan de una extraordinaria capacidad de adaptación. Aunque en el fondo sean un tanto sensibles y sentimentales, saben utilizar los sentimientos y sus dotes naturales de seducción para obtener lo que quieren de los demás. Manipuladores natos, pueden ser unos grandes caraduras cuando actúan movidos únicamente por su egoísmo.

Número simplificado 7

Es el número de los Alfredo, los Andrés y los Blas. Su característica principal es la suerte y la profundidad. Atraídos por el más allá, lo mágico y lo paranormal, suelen estar dotados de capacidades parapsicológicas. En su infancia pueden ser un poco solitarios, pero es que viven en su mundo y están abstraídos por lo que les rodea. Analistas y observadores, saben sacar partido de todo. Trabajadores, acostumbran a alcanzar sus metas a base de grandes esfuerzos.

Número simplificado 8

Adolfos, Alejandros y Enriques pertenecen a este número caracterizado por sus dotes de mando y de organización. Cuando se proponen algo en la vida, por difícil que sea, acaban lográndolo incluso si para conseguirlo han de sufrir o hacer sufrir a los demás. Ambiciosos, presumidos, suelen triunfar en sociedad a base de alianzas secretas y tretas poco recomendables. Se las saben arreglar para heredar incluso aquello que no les corresponde. Su manera de ser y su egoísmo les provocan muchos enemigos.

Número simplicado 9

Místicos e idealistas, los Daniel, Marcelino y Emilio son típicos exponentes de un 9 que se acerca a la perfección del 10, pero que no logra alcanzarla. Populares y queridos por sus múltiples amigos que les aprecian por su natural benevolencia. Los 9 son también seres muy sensibles y emotivos que a veces ocultan su natural timidez tras una apariencia distante y fría.

ABEL – 20 –
ABELARDO – 58 –

Onomástica:
28 de diciembre.

Obviamente, se trata de un nombre bíblico procedente del sustantivo *abl*, que significa vano, efímero, frágil.

De ahí que las personas que llevan este nombre sean de carácter débil, más en lo físico que en lo espiritual. Se trata, al mismo tiempo, de sujetos de extrema afabilidad, sociables, amantes del orden y muy escrupulosos en todas sus facetas, tanto en lo que se refiere a la vertiente íntima como a la personal, social y profesional. No están llamados a grandes empresas porque son poco ambiciosos por naturaleza y se conforman, incluso de manera en exceso humilde, con aquello que han recibido. Sin embargo, suelen tener suerte en el terreno económico y cuando saborean el gusto del dinero pueden volverse ambiciosos. A veces cometen el error de esperar a que se les dé antes que arriesgarse a pedirlo. Suelen ser masoquistas y les gusta hacerse la víctima. Prácticos, no pierden fácilmente los estribos.

Abel, de acuerdo con las Sagradas Escrituras, segundo hijo de Adán y Eva, recibió el dudoso honor de ser el protagonista *number one*, pasivo, del primer crimen sacro-histórico.

Abelardo se considera una variante de Abel, al que se añade la terminación germánica *lard* (fuerte), lo que en cierto modo viene a tergiversar la condición o carácter de Abel añadiéndole una fuerza de la que carece el nombre originario.

Personajes famosos:

Abel, rey danés del siglo XIII, que dio muerte a su hermano.

Abel Matutes, economista y uno de los comisarios españoles en el Mercado Común Europeo; en su juventud fue futbolista.

Abel Alarcón, escritor boliviano.

Abel Ayerza, médico argentino.

Abelardo Díaz Alfaro, novelista puertorriqueño.

Abel Mariné, científico catalán.

ABRAHAM – 44 –

Onomástica:

16 de marzo (Abraham, ermitaño);

15 de junio (Abraham, confesor);

9 de octubre (Abraham, patriarca).

También se trata de un nombre bíblico, poco frecuente en España pero de gran difusión en la América latina, cuyo significado es *padre elevado*.

Las personas que así se llaman están caracterizadas por su vehemencia y temperamento ardiente. Son comunicativos, exagerados, apasionados, sinceros y en ocasiones viscerales. Más bien imaginativos, carecen de excesivas aptitudes a la hora de realizar tareas profesionales que requieran orden, meticulosidad y tenacidad. Son, en consecuencia, veleidosos y fluctuantes, ajenos a los convencionalismos y poco amantes de las reglas sociales establecidas. En ellos, el pragmatismo brilla por su ausencia. Con todo, les gusta el dinero y saben cómo ganarlo.

Su sensualidad se acentúa en cada letra que conforma la palabra. Es difícil que alguien llamado Abraham sea capaz de guardar un secreto durante mucho tiempo.

Personajes famosos:

El propio personaje bíblico, padre de Isaac, que estuvo decidido a sacrificar a su propio hijo por amor a Dios.

Abraham Lincoln, decimosexto presidente de los Estados Unidos, bajo cuyo mandato tuvo lugar el conflicto secesionista que desembocó en la guerra fratricida entre los Estados americanos del Norte y del Sur desde 1861 a 1865.

ADÁN – 20 –

Onomástica: 15 de setiembre.

Del hebreo *adamah*, tierra, *adam* es el hombre.

Se celebra su onomástica el 15 de setiembre a pesar de que nuestro primer padre no fue nunca canonizado.

Se caracteriza por su decisión y su virilidad. Es valiente, dominante, emprendedor y arriesgado. Le gusta empezar cosas, pero no siempre tiene la paciencia de acabarlas. Se deja seducir con facilidad

Personajes famosos:

Adán Cárdenas, médico nicaragüense, presidente de la República de 1883 a 1887.

ADELA – 23 –

Onomástica:

14 de julio y 8 de setiembre (Adela, viuda);

24 de diciembre (Adela, abadesa).

Nombre de origen germánico, procede de *Atal* (noble).

Las mujeres que así se llaman suelen ser un tanto ligeras, superficiales, y se caracterizan por su extraordinaria imaginación, sus dotes artísticas, y su falta de materialidad que las aboca a un mundo de ensueños y fantasías al que les cuesta renunciar. Sumidas en su dimensión de ilusiones y esperanzas, tienen una habilidad innata para sortear la realidad por dura e incómoda que ésta sea. Sus postulados morales gozan de una condición a veces demasiado flexible y acomodada a las propias exigencias, necesidades o deseos, tendiendo siempre a justificar «razonadamente» sus errores, cuando no sus francos extravíos.

Se muestran hipersensibles a los panegíricos, la lisonja y los halagos, lo que hace que en más de una ocasión sean víctimas propiciatorias de la falacia y el cinismo de cuantos pretenden algo de ellas y son conocedores del camino para conseguirlo. Su afán de gustar, ser admiradas, destacar entre las demás y de mostrarse en un primer plano social, puede acarrearles desengaños, disgustos, decepciones, fracasos y sinsabores.

Plenas de optimismo, vivacidad e inquietud, adoran la frivolidad sin percatarse de lo insustancial de la misma. Les fascina vestir con elegancia (aun cuando ello rebase sus posibilidades económicas) y adornarse con joyas, prefiriendo en este caso concreto la realidad a la bisutería. Se adornan con la gracia seductora y efímera del fuego fatuo, de la espuma de una botella de champán tras el ruidoso y espectacular taponazo.

Son poseedoras de excelentes sentimientos y si en alguna ocasión obran mal no hay en ellas mayor intencionalidad que la dimanante de su especial modo de ser.

Personajes famosos:

Adela Patti, famosa soprano italiana del siglo XIX.

Audrey (Adela) Hepburn, actriz cinematográfica.
Adèle Hugo, hija del célebre escritor Victor Hugo.

ADELAIDA – 37 –

Onomástica:
11 de junio (Adelaida, virgen);
16 de diciembre (Adelaida, emperatriz).

Este nombre confiere cualidades superiores e inferiores al mismo tiempo, por antinómico que ello parezca (y a la vez muy humano, por aquello de que hay en todos nosotros algo/mucho de bueno y algo/mucho de malo), lo cual concede una personalidad y carácter realmente heterogéneos.

Obsérvese si no: vanidad, protagonismo exacerbado, poca confianza en sí mismas, obstinación, recelo, altivez, prepotencia, gusto artístico, inteligencia, sutileza, afán de mejora en todos los órdenes, deseo de protección sobre las personas a las que aman o admiran, envidia, alto concepto del deber...

Personajes famosos:
Adelaida Ristori.
Adelaida de Orleans.

ADOLFO – 53 –

Onomástica:
19 de mayo (Adolfo, obispo);
27 de setiembre (Adolfo. mártir).
Del alemán antiguo: «socorro de Dios».

Sin que se trate de eruditos o eminencias, suelen ser sujetos de inteligencia ciertamente desarrollada, que emplean con notable éxito para combatir o contrarrestar su pesimismo y complejo de inferioridad. Su temperamento

21

les inclinaría a la vagancia de no mediar el hecho de haberse impuesto una actividad forzada. Son personas que se deben a sí mismas cuanto son y consiguen gracias a su capacidad autodidacta y depurativa. Se advierte en ellos un manifiesto deseo de mejora y una voluntad tenaz, férrea para conseguirlo.

Resulta curioso y a la vez sintomático que una gran mayoría de individuos que así se llaman sienten inclinaciones manifiestas hacia el mundo del esoterismo, la magia, ciencias ocultas, parapsicología, psiquiatría, etcétera.

Conscientes de que su excesiva sensibilidad, casi enfermiza; puede perjudicarles notablemente, luchan contra ella de manera denodada hasta casi situarse en el otro extremo del espectro sentimental. Incluso acaban por darle la vuelta a su personalidad emotiva.

Personajes famosos:

Adolf Hitler, fundador del tristemente famoso Tercer Reich, que condujo al mundo a una de las conflagraciones más trágicas que registra la historia.

Adolf Eichman, criminal de guerra nazi ajusticiado en Tel Aviv por el gobierno de Israel.

Adolf Menjou, actor de cine francés.

Adolfo Marsillach, escritor, actor, dramaturgo y director teatral español.

Adolfo Suárez, duque de Suárez, político español artífice de la transición democrática tras el óbito del general Franco.

Adolfo Bioy Casares, escritor argentino.

ADRIÁN – 47 –
ADRIANO – 62 –
ADRIANA – 48 –

Onomástica:
2 de diciembre (Adrián, mártir);
9 de enero (Adrián. abad);
1, 4 y 5 de marzo (Adrián, mártir);
8 de julio (Adrián. papa);
26 de agosto (Adrián, mártir).

Nombre latino que proviene de *Hadrianus*, familia romana natural de la localidad de Hadria, *in illo tempore* a orillas del mar Adriático.

Se trata de un apelativo que otorga estimables cualidades a quien lo enarbola. Son gente simpática y extrovertida, de excelente carácter, reposadas y juiciosas, aunque en ocasiones conceden a sus veleidades o caprichos mayor importancia de la que deberían otorgarles.

Su voluntad es quebradiza, débil, y se asustan delante de los contratiempos. Por eso suelen amoldarse a la ajena sobre todo cuando se trata de personas a las cuales, por una u otra razón, admiran y son merecedoras de su total y absoluta confianza. Son gente rutinaria, amantes de la paz y el orden, que se inclinan hacia la vida reposada y sedentaria.

Personajes famosos:
Adriana Lecouvreur, famosa actriz teatral francesa del siglo XVIII, a la que Francesco Gilea consagró su ópera del mismo nombre.

Adriano Rimoldi, actor de cine italiano.

Adrià Gual, autor teatral catalán.

Adriano Panatta, tenista italiano.

ÁGATA – 30 –

5 de febrero (Ágata, virgen y mártir).

Mujeres románticas, soñadoras, idealistas, amantes de la soledad y el retiro, del aislamiento espiritual, difíciles de comprender y todavía más difíciles de «manejar».

Aunque resulte paradójico se muestran confiadas y recelosas al mismo tiempo, por lo cual es igual de fácil ganar su aprecio que perderlo. Aquellas personas que sufren los efectos de la impresionabilidad de su carácter no saben, la mayoría de las veces, cómo han podido formarse de las Ágatas una opinión favorable o adversa ni a qué ocultos móviles obedece su forma contradictoria de producirse.

Su timidez las hace bruscas aunque sin acritud ni mala fe. Por el contrario, suelen ser cariñosas y bonancibles. Tienen una imaginación calenturienta y desbocada que las lleva a poblar de fantasías su hábitat solitario, viviendo en un mundo quimérico muy alejado de la praxis cotidiana.

Personajes famosos:
Aghata Christie, novelista inglesa de intriga y misterio.
Ágata Lys, actriz española del género frívolo.
Ágata Ruiz de la Prada, célebre diseñadora de moda española.

AGUSTÍN – 91 –
AGUSTINA – 92 –

Onomástica:
7 de mayo (Agustín, mártir);
26 y 28 de mayo (Agustín, obispo);
28 de agosto (Agustín, obispo y doctor);
27 de mayo (Agustín de Canterbury, obispo).

Es éste un nombre que imprime en el espíritu de quienes lo ostentan una impronta de gran distinción. Su voluntad es frágil y quebradiza, maleable y manejable, hasta el extremo de que en demasiadas ocasiones se someten a las de terceros, hecho éste que no siempre arroja balances positivos.

Poseen una inteligencia más que aceptable, siendo incapaces de inclinar la cerviz frente a la doblez o la mentira, por lo que nunca debe temerse de ellos una traición, un acto injusto o una venganza, aunque tengan motivos sobrados para llevarla a término.

Si bien gozan normalmente de buena salud su constitución física no es en exceso vigorosa.

Personajes famosos:

Agustín Itúrbide, político, militar, y emperador de México.

Agustín Calvet, periodista catalán más conocido por el seudónimo de Gaziel.

Agustina de Aragón, heroína de la guerra de la Independencia española librada contra los ejércitos franceses de Napoleón Bonaparte.

Agustín de Ahumada, virrey de Nueva España.

Agustín de Foxá, diplomático y poeta español.

Agustí Ballester, pintor catalán.

ALBERTO – 73 –
ALBERTINO – 96 –
ALBERTA – 59 –
ALBERTINA – 82 –

Onomástica:
31 de agosto (Albertino, monje);
15 de noviembre (Alberto Magno, obispo y doctor);
7 de enero (Alberto, monje);

16 de mayo y 25 de julio (Alberto, mártir);

7 de agosto (Alberto, carmelita);

2 de setiembre (Alberto, abad);

3 de setiembre (Alberto, monje y abad);

21 de noviembre (Alberto, obispo y mártir);

29 de diciembre (Alberto, abad).

Procede del alemán antiguo *All*, «todo», y *brecht*, «brillante».

Son gente con un elevado concepto del amor propio. Muy activos físicamente e inclinados a la melancolía, en lo cual es posible que tenga mucho que ver la falta de confianza que demuestran en sí mismos. Es perenne en estas personas el deseo innato de ocultar sus impresiones incluso cuando éstas carecen de toda importancia.

Personajes famosos:

Albert Einstein, descubridor de la ley de la relatividad, judío-alemán, nacionalizado suizo y en 1940 norteamericano, físico de profesión.

Alberto Camus, escritor francés.

Alberto Moravia, escritor.

Alberto Lattuada, director cinematográfico italiano.

Bela (Alberto) Bartók, compositor húngaro.

Alberto «el Grande».

Alberto I, rey de Bélgica.

Alberto Conesa, psicólogo catalán.

ALEJANDRO – 80 –

ALEJANDRA – 66 –

ALEJANDRINA – 89 –

Onomástica:

30 de enero, 9 de febrero, 18 de febrero, 27 de febrero, 10 de marzo, 17, 18, 24, 27 y 28 de marzo, 24 de abril, 3,

20 y 29 de mayo, 2 y 6 de junio, 9 y 10 de julio, 1 y 26 de agosto, 9, 21 y 28 de setiembre (Alejandro, mártir);

26 de febrero, 4 de junio, 21 de agosto, 11 y 22 de octubre (Alejandro, obispo).

Del griego «aquel que rechaza a sus enemigos».

Son personas dotadas de una extraordinaria inteligencia nada práctica que les inclina al idealismo. En ocasiones se dejan arrastrar por la colérica vehemencia que les caracteriza pero luego, como se dice coloquialmente, «no son nadie». Hay que tratarlas con exquisito tacto y cariño a fin de no herir su amor propio en extremo sensible. En el colmo del paroxismo o la exasperación pueden convertirse en terribles enemigos que no retrocederán ante nada si les guía un extraño afán de venganza que ellos denominan justicia.

Personajes famosos:

Alejandro el Grande, rey de Macedonia y conquistador de un gran imperio.

Alejandro I, emperador de Rusia.

Alejandro Dumas (padre), clásico francés, autor de obras tan significadas como *Los Tres Mosqueteros*, *El Conde de Montecristo*, *El Collar de la Reina* y una cincuentena de títulos más entre los que se cuenta, incluso, una biografía de Napoleón.

Alejandro Graham Bell, físico norteamericano, inventor del teléfono.

Alejandro Dumas (hijo), autor de *La Dama de las Camelias*.

Alejandro Borodin, compositor ruso, autor de la ópera *El príncipe Igor.*

Alejandro Lerroux, político y demagogo español, oriundo de Córdoba, que se hizo famoso por su postulado pseudo-político, grosero e irreverente, sintetizado en la frase: «Hay que entrar en los conventos de monjas, levantarles el velo a las novicias y elevarlas a la categoría de madres».

Alejandro Casona, comediógrafo español.
Alexander Fleming, descubridor de la penicilina.

ALEJO – 43 –

Onomástica:
17 de febrero (Alejo, falconero);
17 de julio (Alejo, confesor).
Del griego «aquel que protege».

Las personas designadas con este nombre manifiestan una tendencia instintiva a dominar e imponer su voluntad. Sin embargo, una de sus características ciertamente contradictorias es la de que, cuando encuentran serias dificultades para ejercer su dominio, pasan sin rencor ni amargura a la categoría de dominadas, reconociendo implícitamente su inferioridad. Esto suele ocurrirles con sus esposas y amantes.

Gozan de excelente gusto artístico y poseen sentimiento del color, de la línea y la belleza. Es posible que parezcan confiados y extrovertidos, pero no lo son en absoluto. Siempre o casi siempre priva en ellos una reserva mental que condiciona su sinceridad.

Tienen un amor propio excesivo y a la vez voluble que acentúa su natural timidez. No son de ánimo resuelto y vacilan demasiado a la hora de tomar una decisión.

Personajes famosos:
Alejo Baldovinetti, pintor florentino.
Alejo Carpentier, escritor cubano.
Alejo Mijailovich, zar de Rusia.
Alejo Calatayud, caudillo peruano.

ALFONSO – 82 –
ALFONSA – 68 –

Onomástica:
1 de junio (Alfonso de Navarrete);
27 de julio (Alfonso Pacheco, mártir);
1 de agosto (Alfonso María de Ligorio);
8 de setiembre (Alfonso, monje);
19 de setiembre (Alfonso de Orozco);
3 de octubre (Alfonso Rodríguez);
Del alemán antiguo «preparado para actuar, presto a la acción».

Suelen ser personas discretas, sencillas, apartadas del bullicio y el mundanal ruido, enemigas de la parafernalia social que comporta adulación «pagana», plácemes gratuitos y panegíricos inmerecidos. Pueden desarrollar una gran energía si su amor propio entra en juego. Carecen de egoísmo y demuestran un escrupuloso respeto hacia la integridad e intimidad de los demás, lo que les convierte en verdaderos demócratas. Su excelente sentido del humor les granjea muchos amigos.

Pese a gozar de una gran imaginación no suelen esconderse a las realidades que la vida les impone, admitiendo el sentido práctico y la necesidad de serlo cuando las circunstancias así lo demandan.

Personajes famosos:
Alfonso X el Sabio.
Alfonso XII, rey de España.
Alfonso XIII, rey de España.
Alphonse Daudet, escritor francés.
Alfonso Camín, poeta español.
Alfonso Bertillon, sabio francés.

ALFREDO – 61 –

Onomástica:
12 de enero;
1 de agosto;
15 de setiembre;
28 de octubre (Alfredo, rey).
Del alemán *ald*, viejo, y *fridu*, *friede*, paz, seguridad.

Quienes llevan este nombre son creativos, reflexivos, calmosos y, además, testarudos. Cuando toman una resolución la siguen hasta sus últimas consecuencias. Sin llegar a ser vanidosos, de modo inconsciente desprecian a sus semejantes. Son algo dados a los amoríos, pero se muestran dubitativos en cuanto a escoger a la compañera de su vida,

Personajes famosos:
Alfred de Musset, poeta romántico francés.
Alfredo Krupp, industrial alemán.
Alfredo Nobel, sueco, inventor de la dinamita y filántropo.
Alfred Tennyson, poeta inglés.
Alfred Hitchcoch, director de cine, maestro del suspense.
Alfred Adler, médico psiquiatra austríaco.
Alfredo Dreyfus, militar francés acusado de espionaje.

ALICIA – 35 –

Onomástica:
5 de febrero (Alicia, abadesa);
23 de junio.
Del griego *alexo*, «que se defiende».

Concede a quienes así se nombran cierta originalidad de ideas que a veces exageran un poco más de lo que el buen gusto y las normas permiten aconsejar. Son mujeres bondadosas, pero hay que tener cuidado de no despertar en ellas un sentimiento de animadversión, porque les cuesta olvidar las ofensas de que se sienten objeto y reaccionan a la defensiva.

Activas, emprendedoras, suelen ser extraordinarias amas de casa, excelentes esposas y madres inmejorables. En el terreno profesional suelen obtener los logros que se proponen.

Personajes famosos:
Alicia Alonso, directora del Ballet nacional de Cuba.
Alicia Nafé, prima donna argentina.
Alicia de Larrocha, célebre pianista.

ÁLVARO – 69 –

Onomástica:
19 de febrero (Álvaro de Córdoba).

Tienen tendencia a idealizar todas las facetas de la existencia, con los naturales y lógicos errores que esta extrema actitud comporta. Son originales y sus ideas, es obvio, les inclinan hacia lo sobrenatural y fantasioso. Son inteligentes aunque resultan más brillantes que profundos. Ambiciosos, no escatiman medios a la hora de conseguir lo que quieren.

Disfrutan del don de la perseverancia y la tenacidad y es de elogiar en ellos su capacidad para conseguir lo que ambicionan.

Personajes famosos:
Álvaro Alonso Barba, mineralogista y sacerdote español oriundo de Lepe (Huelva).
Álvaro Acuña, capitán español conquistador de Costa Rica.
Álvar Nuñez, Cabeza de Vaca, conquistador español.
Álvaro de Bazán, primer Marqués de Santa Cruz, almirante español.

Álvaro de Laiglesia, humorista, director de la revista satírica *La Codorniz*.

AMADEO – 39 –

Onomástica:
7 de enero;
28 de enero (Amadeo de Lausana).
Nombre latino, *Amadeus*, que significa amor a Dios.

Suelen ser gente virtuosa, amable, un tanto histriónica en ocasiones, con un gran sentido artístico que acostumbra a inclinarles hacia la vertiente musical.

Son constantes y tenaces en la consecución de los objetivos que se proponen y no es frecuente que abandonen la tarea o responsabilidad que les ha sido asignada. Demuestran idéntica docilidad y buenas maneras tanto si les corresponde mandar como obedecer.

Personajes famosos:
Wolfgang Amadeus Mozart, compositor austríaco.

Amadeu Vives, compositor catalán fundador, en colaboración con Luis Millet, del Orfeó Català y artífice de obras operísticas tan destacadas como *Doña Francisquita*, *Bohemios* y *Maruxa*.

Amadeo Avogrado di Quaregna, físico italiano.

AMADO – 34 –
AMADA – 20 –

Onomástica:
28 de abril;
8 de mayo (Amado Ronconi);
9 de junio (Amada, dominica);

32

13 de setiembre.

Del latín *amatus*, «el que es amado».

Este nombre indica una inteligencia superior a la normal. Son gente tranquila y afable. Puede ser que, debido a su peculiar nombre, no precisen de grandes esfuerzos para destacar, e incluso con brillantez, en sociedad. Sin embargo, no son ambiciosos ni vanidosos y no buscan la notoriedad.

Personajes famosos:

Amado Argaud, físico francés.

Amado Nervo, poeta mexicano.

Amado Alonso, filólogo español.

AMALIA – 37 –
AMELIA – 41 –

Onomástica:

5 de enero;

31 de mayo;

19 de setiembre.

Del griego *amèle*, que significa laborioso.

Como su nombre indica, siempre están dispuestas a conceder favores. Son despistadas y espontáneas. Les gusta el bullicio, la vida de sociedad, el lujo, aunque, por las circunstancias, pueden renunciar a todo ello sin quejarse. Independientes, aman la libertad. Buenas trabajadoras, se consagran a su labor, siendo ésta una de sus razones de ser.

Personajes famosos:

Amalia Rodrigues, cantante de fados portuguesa.

Amelia, reina de Francia, esposa de Luis Felipe.

AMBROSIO – 92 –
AMBROSIA – 78 –

Onomástica:
7 de diciembre (Ambrosio, obispo).
Nombre de origen griego.

Dotado de excelentes cualidades intelectuales y morales, suele triunfar en la vida gracias a su optimismo y a su buena suerte. Suelen ser muy queridos.

Personajes famosos:
Ambrosio de Espínola, general italiano que se distinguió en Flandes.

Ambrosio Thomas, compositor francés, autor de la ópera *Mignon*.

Ambrosio Paré, médico-cirujano francés.

ANA – 16 –

Onomástica:
7 de mayo y 7 de junio (Ana de San Bartolomé, virgen);
26 de julio (Ana, Madre de Nuestra Señora);
1 de setiembre (Ana profetisa);
21 de noviembre (Ana Micaela).

Este nombre procede del hebreo *hannah*, favorecer, ser misericordioso, compasivo, y de una forma más sintetizada, gracia y compasión.

Imaginadoras, sensitivas, soñadoras y sensuales (que no sexuales), acarician un ideal amoroso que, como casi la mayoría de las cosas que se idealizan, rara vez encuentran en su devenir mundano. No aman la riqueza en exceso pero sí las comodidades y goces que aquélla proporciona. Son poseedoras de una inteligencia profunda que acostumbra a brillar en todas las facetas de su vida, pese a que sus inclinaciones idealistas las lleva con demasiada frecuencia a cometer graves errores de apreciación.

Son buenos de seguir los consejos que de ellas proceden aunque, dado su idealismo fantasioso, no son en absoluto positivas. Acostumbran a mostrarse introvertidas y reservadas por lo que a sus penas y preocupaciones se refiere, lo cual hace que se muestren incluso altaneras sin que realmente lleguen a serlo.

Sonríen con facilidad y se muestran de continuo afables, cariñosas y corteses, captando con prontitud la simpatía y cariño de quiénes las rodean.

Personajes famosos:

Ana Bolena, esposa de Enrique VIII, quien la mandó decapitar para sustituirla por Juana Seymour.

Ana de Cleves, cuarta esposa de Enrique VIII.

Ana de Austria, esposa de Luis XIII de Francia.

Ana de Bretaña, esposa de Maximiliano de Austria.

Ana Estuardo, reina de Gran Bretaña e Irlanda.

Ana de Mendoza, princesa de Éboli.

Ana Ivanovna, emperatriz de Rusia.

Ana Magnani, actriz de cine italiana.

Ana Manlikova, tenista checoslovaca.

ANASTASIA – 85 –
ANASTASIO – 99 –

Onomástica:
10 de marzo (Patricia Anastasia);
21 de abril (Anastasio el Sinaíta)
11 de mayo (Anastasio, mártir)
25 de diciembre (Anastasia, mártir)
Deriva del griego *Anastasios*, que significa resurrección.

En general, son personas de carácter difícil de soportar, con el agravante de que tienden a menospreciar a quienes no llegan a comprenderlos. Sinceros hasta la antipatía, son propensos a sufrir en el amor.

Personajes famosos:

Anastasio Bustamante, político mexicano.

Anastasia, hija del zar Nicolás II, supuestamente asesinada por los bolcheviques.

ANDRÉS – 61 –
ANDREA – 43 –

Onomástica:

18 de abril (Andrés Hibernon)

16 de mayo (Andrés Bobolá)

30 de noviembre (Andrés, pescador)

Del griego, «valiente, sin miedo».

Los que llevan este nombre suelen ser inteligentes, aunque ciertamente vanidosos. Les gusta pregonar sus ideas, a veces originales y siempre imprevisibles, no cediendo a ningún razonamiento contrario a sus opiniones. No siendo pródigos para sí mismos, tampoco lo son para los demás. Son ahorrativos pero sin llegar a la tacañería. Cuando están convencidos de algo, son capaces de luchar hasta el final, sin dejarse amedrentar.

Personajes famosos:

Andrés María Ampère, matemático y físico francés.

Andrés Carnegie, filántropo norteamericano.

Andrea Chenier, poeta francés.

Andrés Bello, escritor venezolano.

André Breton, escritor y poeta francés.

André Gide, escritor francés.

André Malby, herborista francés.

ÁNGEL – 39 –
ÁNGELA – 40 –
ÁNGELES – 63 –

Onomástica:
27 de enero (Ángela Merici);
6 de febrero (Ángel de Furcio);
30 de marzo (Ángela de Fulgencia);
12 de abril (Ángel de Chiavasso);
5 de mayo (Ángel, presbítero y mártir);
2 de agosto (Ángela, Nuestra Señora de los Ángeles);
19 de agosto (Ángel, monje);
30 de agosto (Angel de Acri);
2 de octubre (Ángeles custodios o de la guarda).
10 de octubre (Ángel, mártir);
13 de octubre (Ángel de Sifeo, mártir);
27 de noviembre (Ángel, abad);

Este nombre procede del griego *aggelós*, mensajero.

Sienten predilección por la vida sosegada, sin sobresaltos, recatada y sigilosa, siendo, por ende, enemigos de las pompas y sobre todo de encabezar listas o figurar en primeros planos o términos. De gustos sencillos, son gente de buen conformar y no piden a la vida más de lo que ésta quiere ofrecerles. En amor, son fieles hasta la consunción, constantes, a prueba de ausencias y desdenes.

Idealistas, perfeccionistas, acaban realizando sus ideales a base de tiempo y trabajo duro.

Su amistad siempre es leal y saben sacrificarse en bien de los demás. Cautos y precavidos en el área laboral y comercial, no dan un paso adelante sin asegurarse de que sus pies están en firme. Se guían por la sensatez y el sentido común sin que por ello no estén presentes los sentimientos en sus decisiones.

Personajes famosos:

Àngel Guimerà, escritor y dramaturgo catalán, que fue presidente del Ateneo Barcelonés.

Ángel Ganivet, escritor español de la generación del 98.

Ángel Zúñiga, crítico e historiador cinematográfico.

Angelo Roncalli, papa Juan XXIII.

ANSELMO – 79 –

Onomástica:

21 de abril (Anselmo, abad)

Del alemán *Hans*, «Dios» y *helm*, «casco».

Los Anselmos son obstinados, lo cual deben, sin duda, a su inteligencia que les permite discernir sus errores y enmendarlos. En el plano sentimental son fieles, amantes, aunque no tiernos ni apasionados.

Poseen un gran sentido de la justicia y no se dejan pisar por nadie.

Personajes famosos:

Anselmo Clavé, músico catalán, fundador de los coros obreros que llevan su nombre.

ANTONIO – 88 –
ANTONIA – 74 –

Onomástica:

9 de enero (Antonio, presbítero y mártir);

17 de enero (Antonio, abad);

1 de febrero (Antonio, monje);

5 de febrero (Antonio, mártir);

12 de febrero (Antonio, obispo);

7 de junio (Antonio María Gianelli);

13 de junio (Antonio de Padua);

5 de julio (Antonio María Zacarías);

9 de julio (Antonio de Hornar);

13 de setiembre (Antonio de S. Buenaventura y Antonio de Fraicedeo);

26 de setiembre (Antonio Daniel, mártir);

24 de octubre (Antonio María Claret, arzobispo y fundador).

Procede del gentilicio romano *Antonius* y puede traducirse por: digno de alabanza, inestimable.

Bruscos congénitos, son conocedores de este defecto y hacen lo imposible por atenuarlo. No son personas indicadas para preservar un secreto y tienden hacia el materialismo.

Puede que pequen de mostrarse extremadamente sinceros, lo que les hace actuar en muchos momentos al margen de la sutileza y la diplomacia.

Son voluntariosos, enérgicos, tendentes a dominar y a mostrarse egocéntricos y absorbentes en todo momento, lo cual, obviamente, acaba por perjudicarles en las áreas familiar, social y profesional. Acostumbran a destacar por su agudeza intelectual.

Personajes famosos:

Antonio Stradivarius, violinista italiano y fabricante del instrumento musical que lleva su apellido.

Antonio Alcalá Galiano, escritor y político gaditano.

Antonio Gaudí, arquitecto catalán nacido en Reus, artífice del expresionismo, de entre cuyas obras destacan el Templo Expiatorio de la Sagrada Familia y La Pedrera, ambas en Barcelona, así como el Parc Güell, también en la Ciudad Condal.

Antonio Alcalá Galiano, político y escritor español.

Antonio de Alcántara, escritor brasileño.

Antonio Baumé, químico francés.

Antonio Buero Vallejo, dramaturgo español.

Antón Chejov, novelista ruso.

Antony Burgess, escritor inglés.

Antonio Cánovas del Castillo, político español, murió asesinado.

Anton Dvorak, compositor checo.

Anthony Eden, político inglés.

AQUILES – 85 –

Onomástica:
12 de mayo;
15 de mayo (Aquiles, obispo).
Procede del griego: «el que tiene bellos labios».

Muy habladores y simpáticos, suelen ser excesivamente detallistas y obstinados. Defienden con ahínco sus ideas, incluso si nadie está atacándoles.

En ocasiones pueden llegar a rozar la charlatanería.

Personajes famosos:
Aquiles Deveria, famoso pintor francés.
Aquiles Bazaire, mariscal de Francia.

ARÍSTIDES – 104 –

Onomástica:
31 de agosto.
Del griego, «el mejor».

Los Arístides son justos y sus ideas generosas. Aunque no siempre razonables, sus intenciones son buenas aunque de difícil realización. Poniendo el máximo empeño, salen por lo general airosos de sus empresas.

Personajes famosos:
Arístides Briant, político francés.

ARTURO – 93 –

Onomástica:
1 de setiembre.
Nombre de origen celta que significa: alto, noble, o quizás de *arth*: oso.
Efectivamente, son personas de nobleza y gran rectitud de conciencia que tienen su propio código ético el cual no acostumbran a transgredir salvo en circunstancias extremas. Confían en sí mismos, son meticulosos, y rara vez dejan los detalles al azar.
Aunque en ocasiones les cuesta hacerlo, acostumbran a mantener una cautelosa equidistancia entre las realidades de la vida y sus aspiraciones, a veces un tanto fantasiosas.
No les gusta la pompa y el boato y prefieren siempre pasar desapercibidos, por lo cual eluden manifestarse externamente y mucho menos evidenciar su sensibilidad vibrante y aguda.
Personajes famosos:
Arthur Schopenhauer, filósofo alemán.
Arturo Toscanini, director de orquesta italiano.
Arturo Barea, novelista español.
Arthur Penn, director cinematográfico norteamericano.
Arturo Rimbaud, poeta francés.
Arthur Adamov, escritor francés de origen ruso.
Arthur Balfour, político inglés.
Arturo Briceño, escritor vdenezolano.
Arthur Conan Doyle, novelista inglés, creador de Sherlock Holmes.
Arturo Frondizi, pres. de Argentina de 1958 a 1962.

Onomástica:
15 de agosto.
Deriva del latín *assumptione*, elevación de la Virgen María al cielo en cuerpo y alma.

En conjunto es un nombre que concede estimables cualidades, sobre todo espirituales, a las mujeres que lo ostentan. Tienen la imaginación viva y en exceso fantasiosa, hecho éste que les lleva a deformar la realidad.

, A veces son demasiado cáusticas, socarronas e incluso escépticas, lo cual hace dudar de su verdadera valía a las personas que se complacen en apreciarlas. Por contra, son económicas y previsoras, no gastando jamás en cuantía superior a la que sus ingresos les permiten. Tardan en conceder su afecto y confianza, pero una vez otorgados, son constantes y fieles.

Sus ideas son originales y atrevidas, a menudo extravagantes, acuciadas por un deseo infantil de distinguirse y singularizarse.

Personajes famosos:
Asunción Balaguer, actriz.
Asumpta Serna, actriz catalana.

AURELIO – 81 –
AURELIA – 67 –

Onomástica:
8 de marzo (Aurelia de Niza);
27 de julio, 20 de octubre y 18 de noviembre (Aurelio, mártir);
25 de setiembre y 15 de octubre (Aurelia, virgen);
12 de noviembre (Aurelio, obispo);

2 de diciembre (Aurelia, mártir).

Procede del latín, del gentilicio *aurelius*, que significa del color del oro.

Nombre simpático y benéfico que favorece notablemente a los que así se llaman. Concede una envidiable posición en el área del comercio y las inversiones bursátiles, para las que otorga un golpe de vista (corazonadas) rápido y seguro.

Presta serenidad, sangre fría, ecuanimidad, ponderación, sosiego, capacidad reflexiva, cualidades que no excluyen una gran decisión, espíritu de empersa y acometividad.

En la vertiente afectiva no serán tan afortunados como en la comercial, a menos que tengan la prudencia y el sentido común de elegir para compañera/o de su existencia a una persona cuyas cualidades se complementen con las suyas.

Personajes famosos:

Aurelio, rey de Asturias.

Aurelio Campmany, historiador y folklorista.

María Aurelia Campmany, novelista y ensayista catalana.

Aurelio Bisbe, célebre joyero catalán.

AURORA – 74 –

Onomástica:

19 de junio y 13 de agosto (Aurora, virgen y mártir);

15 de setiembre (Nuestra Señora de la Aurora).

Nombre de raíces latinas que significa el oriente, el alba.

Es una advocación de la Virgen. En la mitología griega, hermana del Sol y la Luna, formaba parte de la primera generación de dioses.

Las mujeres que llevan este nombre suelen recibir unas cualidades físicas notables, al margen de una inteligencia nada desdeñable.

Son prudentes, juiciosas, conscientes de sus limitaciones en todos los órdenes de la vida pero, contradictoriamente, en algunos momentos caen en el pecado de la soberbia al suponerse superiores a los demás y a lo que en realidad son. Les pierde su carácter autoritario, absorbente y dominante, salvo que tropiecen con el hombre que sepa controlar esos impulsos y reducirlos a nada. En el fondo, desean y necesitan sentirse sometidas, siempre dentro de un orden.

Personajes famosos:

Aurora Bertrana, escritora catalana, primogénita de Prudencio Bertrana.

Aurora Dupin, escritora francesa que se ocultaba bajo el popular seudónimo de George Sand, entre cuyos amantes destacaron Jules Sandeau y Federico Chopin.

Aurora Bautista, actriz española.

Aurora Redondo, la decana de las actrices españolas.

BALTASAR −74 −

Onomástica:
11 de enero.
Nombre de raíces asirias que se define por: «que el dios Baal proteja al rey».

Baltasar es uno de los tres reyes magos, el negro, que adoraron a Jesús de Nazareth en el portal de Belén.

Son personas de condición hipersensible, ardientes, temperamentales, vehementes, que obran a impulsos, dejándose llevar casi siempre por su entusiasmo, inocencia y desbordada fantasía. Acostumbran a tomar partido inmediato y sin margen para la reflexión, en favor o en contra de tal persona, de tal postura, de aquella reivindicación, etcétera, y a veces pagan caras las consecuencias de su radical espontaneidad. Pero les salva el ser extraordinariamente afables y poseedores de cierto gracejo. Tienen buen gusto artístico y una gran capacidad de asimilación. De gran nobleza, son en exceso impresionables y aunque conocen perfectamente sus debilidades les cuesta demasiado corregirlas.

Personajes famosos:
Baltasar, rey de Oriente.
Baltasar Castiglione, escritor renacentista italiano.
Baltasar Samper, compositor mallorquín.
Baltasar de Alcázar, poeta realista.
Baltasar Saldoni, compositor catalán.

Baltasar Porcel, escritor mallorquín.

Baltasar Hidalgo de Cisneros, marino español.

BÁRBARA – 43 –

Onomástica:

4 de diciembre.

Nombre de origen latino que significa extranjera.

Santa Bárbara, mártir y virgen, según cuenta la tradición fue asesinada por su propio padre, decepcionado por su fracaso en obligarla a renunciar a la fe cristiana, por lo cual le cortó la cabeza, por cuya acción fue castigado de inmediato al ser fulminado por un rayo.

Las Bárbaras son mujeres cautas, recelosas, prudentes en grado sumo, que gozan de gran habilidad para ocultar sus impresiones. Tienen el defecto de entrometerse en las vidas ajenas si bien no les gusta lo más mínimo que investiguen en las suyas. Les agrada sentirse superiores y se pierden en el afán de dar consejos gratuitos que en la mayoría de ocasiones nadie les ha solicitado.

Presumen de integridad siempre y cuando ser leales les reporte beneficios o prebendas.

A primera vista resultan simpáticas y agradables, pero no se tarda en alterar esa impresión inicial a poco que se las trate en profundidad.

Personajes famosos:

Bárbara Stanwyck, actriz cinematográfica norteamericana, cuyo verdadero nombre era Ruby Stevens.

Bárbara Streisand, actriz estadounidense.

Bárbara de Blemberg, amante de Carlos V y madre de Juan de Austria.

Bárbara Bel Gedes, actriz norteamericana de cine, teatro y televisión, que debe su popularidad a la serie de TV Dallas.

Onomástica:

24 de febrero y 11 de noviembre (Bartolomé, abad);

24 de junio (Bartolomé, monje);

24 de agosto (Bartolomé, apóstol);

13 de setiembre (Bartolomé de Laurel, mártir);

El nombre es de origen hebreo, compuesto por el sustantivo *bar*, hijo, y el patronímico *Tolmay*, hijo de Tolmay o de Ptolomeo.

Podríamos decir sin temor a equivocarnos que éste es uno de los nombres más interesantes del calendario. La imaginación manifiesta un gran predominio en las personas que así se denominan. En principio parecen ambiciosos pero la realidad es que anteponen los sentimientos y el corazón al pragmatismo, siendo más sentimentales que positivistas, por lo que jamás sacrifican un noble sentimiento a los imperativos del orden práctico.

De voluntad enérgica y tenaz, se muestran perseverantes en la consecución de sus logros, siguiendo para ello, siempre, los caminos de la honradez y la lealtad para con los demás y para consigo mismos. Es muy difícil, por no decir imposible, hacerles abdicar de una idea o un proyecto concebido con cariño. Entregan muchísimo más de lo que exigen. Su espíritu equitativo y justo les impide sucumbir a cualquier torpe tentación que pueda asaltarles.

Personajes famosos:

Bartolomé de las Casas, misionero dominico español.

Bartolomé Bermejo, pintor español del siglo XV.

Bartolomé Torres Naharro, literato español.

Bartolomé Roselló-Porcel, poeta mallorquín.

Bartolomé Esteban Murillo, pintor español.

Bartolomé Blanche, general y político chileno.

Bartolomé Carranza, teólogo español.

BASILIO – 67 –

Onomástica:
14 de junio (Basilio el Grande)
Del griego *basileus*, «el rey».

Casi puede decirse que fue santo por tradición familiar, pues también lo fueron su abuela, su padre, su madre y sus hermanos. Fue obispo de Cesarea en Asia Menor, siendo el organizador del monacato en Oriente.

Los Basilios son calmosos, reflexivos y ponderados en sus decisiones. No obstante, faltos de tacto y de finura en sus tratos, no son muy bien vistos, por su falta de simpatía, a pesar de sus cualidades innatas.

Personajes famosos:
Basilio I, el Macedonio, emperador de Oriente.

BEATRIZ – 81 –

Onomástica:
18 de enero, 19 de enero, 17 de febrero, 10 de mayo, 29 de julio y 6 de noviembre (Beatriz, virgen);
24 de julio (Beatriz, reina y monja).

Nombre de raíz romana de *beatus*, bienaventurado; en su forma femenina (*beatrix*).

Beatriz virgen y mártir de Roma, fue condenada a muerte en el año 303, siendo estrangulada en la misma prisión y enterrada junto a sus hermanos Simplicio y Faustino, martirizados por Diocleciano.

Son mujeres de gran sensibilidad y aunque tratan de controlarla —pues la consideran un preocupante defecto— por temor al ridículo, esta sensación rara vez las abandona. Son buenas amas de casa, inteligentes y laboriosas, de fértil imaginación, pero que nunca logra alejarlas de las realidades de la vida. Carecen de confianza en sí mismas por lo que necesitan apoyarse en la voluntad de aquellos a quienes aman o admiran y tal vez tampoco son en exceso perseverantes. Es fácil influir en su ánimo porque son impresionables, bondadosas y, como se ha dicho, muy inseguras.

Personajes famosos:

Beatriz Portinari, que inspiró a Dante *La Divina Comedia*.

Beatriz de Aragón, hija natural de Fernando I de Nápoles.

Beatriz de Battenberg, hija menor de la reina Victoria de Inglaterra.

Beatriz de Portugal, reina de Castilla y esposa de Juan I.

Beatriz Galindo, erudita española del siglo XV, más conocida por la Latina.

BENIGNO – 66 –

Onomástica:

1 de noviembre

Deriva del latín y significa «bueno, indulgente».

Las personas que llevan este nombre destacan por sus buenas cualidades, buen corazón y gran elocuencia.

Personajes famosos:

Benigno Bossuet, orador y escritor francés.

BENITO – 65 –

Onomástica:

2 de enero, 25 de enero, 1 de mayo, 16 de julio (Benito, mártir);

12 de enero, 11 de julio, 24 de setiembre y 1 de octubre (Benito, abad);

15 de enero, 20 de enero, 23 de marzo y 24 de mayo (Benito, monje);

12 de febrero (Benito de Aniano);

17 de febrero (Benito, obispo);

21 de marzo (Benito de Nursia, fundador de la Orden de los Benedictinos)

15 de abril (Benito, José Labré);

23 de octubre (Benito, confesor);

12 de noviembre (Benito, ermitaño).

Procede del latín *benedictus*, «bien dicho».

Son personas que poseen gran imaginación aunque, paradójicamente, sus ideas y proyectos resultan siempre poco brillantes y a la vez utópicos. Se inclinan con más facilidad hacia las letras que hacia las ciencias, aunque a veces, no con excesiva frecuencia, se les ve simultanear ambas disciplinas.

Carecen casi por completo de habilidad comercial aunque, por una nueva contradicción de su antinómico carácter, tienden a emprender negocios de los que por norma no suelen salir bien librados.

Apuntan a la polémica, la controversia y las discusiones bizantinas, mostrándose irreductibles en sus postulados, teorías o apreciaciones, aunque sus escasas dotes de oratoria les impiden llegar hasta los demás y mucho menos convencerles.

Personajes famosos:

Benito Pérez Galdós, literato español, autor de los famosos *Episodios Nacionales.*

Benito Mussolini, líder e inspirador de la revolución fascista italiana.

Benito Spinoza, filósofo holandés.

Benito Arias Montano, humanista español.

Benito Floro, entrenador español de fútbol.

BENJAMÍN – 68 –

Onomástica: 31 de marzo.

Procede del hebreo *Ben Jamin*, el hijo preferido, el hijo de la mano derecha.

Suele aplicarse al último niño, al más pequeño de la familia. Por ello mismo, los Benjamines suelen ser un poco mimados y consentidos. Caprichosos y poco responsables, suelen ser más vagos que inteligentes. Pese a gozar de una gran imaginación, pueden ser bastante prácticos y realistas.

Personajes famosos:

Benjamín, último hijo de Jacob y Raquel.

Benjamín Constant de Rebecque, amigo de Madame de Staël.

Benjamín Franklin, inventor del pararrayos.

BERNARDO – 77 –

Onomástica:

2 y 8 de enero (Bernardo, monje);

14 de enero (Bernardo Corleón);

23 de enero y 12 de marzo (Bernardo, obispo);

14 de abril y 20 de agosto (Bernardo, abad);

1 de mayo (Bernardo, cardenal);

28 de mayo (Bernardo, confesor);

15 de junio (Bernardo de Menthon o de Aosta, confesor);

23 de julio (Bernardo de Alcira);

21 de agosto (Bernardo Tolomeo);

25 de octubre (Bernardo Calvó, obispo).

Nombre germánico: *bern-hard*, guerrero audaz como un oso.

Por norma generalizada los que así se llaman no suelen

distinguirse por lo enérgico de su voluntad, aunque les apasiona discutir, contradecir y polemizar, incluso si el asunto en cuestión poco o nada les interesa. Su bondad no puede ponerse en tela de juicio aunque está afeada por un leve pero inveterado egoísmo, que no por intrascendente deja, en ocasiones, de ser un grave lunar; una mancha en su «hoja de servicios».

Pecan de exceso de diplomacia y demasiada sinceridad. Les cuesta entender y aprender que en el mundo y en la vida, por mucho que nos pese, no siempre se puede ser brutalmente sincero.

Son impresionables, afectivos, tacaños y no suelen saltarse las fronteras de su propia ética.

Personajes famosos:

Bernardo Boil, religioso, fundador de la primera iglesia en La Isabela.

Bernat (Bernardo) Metge, escritor y humanista catalán.

Bernardo de Ventadorn, trovador.

Bernardo de la Cruz, historiador portugués del siglo XVI.

Bernardo Fenollar, poeta valenciano.

Bernd (Bernardo) Schuster, futbolista alemán que militó en las filas del Fútbol Club Barcelona y en las del Real Madrid.

BERTA – 46 –

Onomástica
4 de julio
Del alemán *behrt*, «brillante, ilustre».

Santa Berta, esposa del conde Sigiberto, una vez viuda abandonó la vida mundanal, que nunca había aceptado, y fundó un monasterio en Artois, donde pudo entregarse a la oración y la contemplación.

52

De carácter amable, las Bertas son un poco caprichosas. De mediana inteligencia pero de gran ánimo, no obstante, no son dadas a empresas que requieran una gran capacidad mental. Muy sensibles, suelen ser afectuosas pero carecen de solidez para resistir situaciones borrascosas. Son amantes del orden y la practicidad, gustando de los trabajos caseros.

Personajes famosos:

Berta, madre de Carlomagno.

Berta Moriscot, pintora impresionista francesa.

BERTRÁN – 78 –

Onomástica:

24 de enero (Bertrán, monje)

30 de junio (Bertrán de Mans)

6 de junio (Bertrán de Aquilea)

16 de octubre (Bertrán de Comminges)

Del alemán, significa «brillante, fuerte».

Más inclinados a la vida activa que a las especulaciones intelectuales, los Bertrán son, primordialmente, combativos e incluso, a veces, violentos, aunque, ávidos de devoción, son capaces de todos los sacrificios, siendo leales hasta el escrúpulo.

Personajes famosos:

Bertrán d'Argentié, jurisconsulto.

El condestable Bertrand du Guesclin.

BLANCA – 33 –

Onomástica:

16 de diciembre

Del latín *blanc*.

Quienes llevan este nombre suelen dejarse llevar a menudo por una imaginación viva y fantasiosa, de tal modo que sus fantasías llegan a ser para ellas realidades. Aunque de carácter vivo, saben dominar sus impulsos, pero en algunas ocasiones se muestran irritadas hasta el rencor. En el plano sentimental, sin embargo, cuando aman, lo hacen de todo corazón.

Personajes famosos:
Blanca de Castilla, madre de San Luis.
Blanca de Navarra, esposa de Felipe VI.

BLAS – 34 –

Onomástica:
3 de febrero (Blas. obispo);
29 de noviembre (Blas, mártir).
Nombre de raíz griega, *blasius*, significa cojo.

Se trata de personas dotadas de una gran inteligencia que les hace sobresalir en cualquiera de las áreas profesionales o sociales donde desarrollen sus actividades. Unen a este hecho una gran bondad que consigue les sean perdonados los graves errores que a veces cometen impulsados por su vehemencia y arrolladoras pasiones: son relamente «patosos». De un gusto artístico discutible, son aficionados a las letras y a las artes. Gozan en líneas generales de la consideración de aquellos que les rodean, a todo los niveles, quienes no cesan de alabar sus virtudes.

Disfrutan en vida de una excelente posición económica, pero no suelen dejar grandes herencias llegada su muerte, porque a medida que ganan el dinero acostumbran a gastarlo; y a veces, a malgastarlo.

Son generosos y complacientes. Sólo podría reprochárseles el conceder excesiva importancia a los convencionalismos sociales, no por ellos mismos, sino por el efecto que en los demás pueda causar la transgresión de aquéllos.

Personajes famosos:

Blas Pascal, matemático, físico, filósofo y escritor francés.

Blas Bonet, escritor mallorquín.

Blas Infante, defensor de la autonomía de Andalucía, fusilado durante la Guerra Civil española.

Blas de Otero, poeta vasco en lengua castellana.

Blas de Laserna, compositor español.

BONIFACIO – 74 –

Onomástica:

5 de junio (Bonifacio de Maguncia)

Del latín *bonum factum*.

De caracter fácilmente excitable, aunque saben controlarse, mostrándose amables, serviciales y en ciertas ocasiones muy devotos. Sin embargo, cuando comprenden que se abusa de su buena voluntad, se oponen a ello con violencia.

Personajes famosos:

Bonifacio, marqués de Montferrat, jefe de la Cuarta Cruzada.

Bonifacio I, papa y santo, al que siguieron otros Bonifacios papas, hasta el IX.

Bonifacio Byrne, poeta cubano.

BRÍGIDA – 50 –

Onomástica:

1 de febrero (Brígida, virgen);

23 de julio y 8 de octubre (Brígida, viuda).

Este apelativo tiene orígenes dudosos. Al parecer procede del irlandés *brith*, fuerza, poder.

La voluntad en ellas es más resuelta que constante, un poco caprichosa y variable, lo que las hace volubles y veleidosas. Usan de un ímpetu excesivo que les impide reflexionar sobre las posibles consecuencias de sus precipitados actos. Sólo para ser obstinadas son perseverantes, lo que si siempre es una cualidad negativa, mucho más en las Brígidas que, además, acostumbran a mostrarse intransigentes y un tanto rencorosas.

Están dotadas de una aceptable inteligencia, pero son impacientes y, a poco que tarde lo que esperan, se desalientan y abandonan la empresa iniciada.

Muy idealistas, son capaces de luchar hasta el final por sus ideales humanitarios.

Personajes famosos:

Brígida Nilsson, soprano sueca.

Brigitte (Brígida) Bardot, actriz francesa cuya arrolladora aparición en las pantallas de la mano de Roger Vadim, sembró el desconcierto y el escándalo.

BRUNO – 70 –

Onomástica:

6 de octubre.

Nombre de origen germánico *braun*, marrón, moreno.

Serios, amables, distinguidos, los Brunos parecen haber nacido para triunfar. Su único problema: la imagen paterna, que suele obsesionarles. Pueden hacer carrera en el comercio, la industria o las finanzas. En el plano sentimental son muy sensibles y enamoradizos, si bien parecen tímidos y fríos. Suelen comprometerse pronto y tener varios hijos.

Onomástica:
14 de julio (Buenaventura, obispo y doctor seráfico);
11 de setiembre (Buenaventura Grau);
26 de octubre (Buenaventura de Potenza).

Nombre de procedencia latina, *bonum advenire*, que significa: buen augurio, buen presagio, buena suerte..

Caracteriza a los así nombrados un profundo deseo de llamar la atención sea por la razón que fuere y al precio que fuere, tanto en lo bueno como en lo malo, por una proeza o por una iniquidad; el *leit motiv* no importa: la cuestión para ellos es que se les nombre, que se les cite, que se les tenga presentes en la memoria y en la boca.

Una vez hechas estas matizaciones, casi está de más añadir que son extremadamente vanidosos. La voluntad es débil, lo cual es condición *sine qua non* de que se muestren influenciables con excesiva facilidad.

Personajes famosos:
Buenaventura Carlos Aribau, banquero, político y poeta catalán.

Buenaventura Durruti, anarquista catalán, que fue abatido a tiros en el Frente de Madrid de manera misteriosa y sospechosa aún hoy por aclarar, el 19 de noviembre de 1936.

Buenaventura Pollés, arquitecto catalán.

Buenaventura Casals, médico.

Buenaventura Aribau, poeta catalán.

CAMILO – 53 –
CAMILA – 39 –

Onomástica:
18 de julio (Camilo de Lelis, fundador);
26 de julio (Camila Gentili);
15 de setiembre (Camilo Constanzo)

Proviene del latín *camillus*, ministro, encargado de los altares.

Quienes así se llaman acostumbran a ser cándidos, crédulos, ingenuos y bonancibles hasta extremos insospechados. Es fácil para los sujetos de mala fe sorprender el candor de los «Camilos» y las «Camilas», que nunca escarmientan por muchas trastadas que les jueguen. Suelen ser presa fácil para el primer listillo que se ponga delante de ellos y que, conociendo sus «debilidades», les recite cantos de sirena o les dore la píldora con halagos, panegíricos, buenas palabras y, sobre todo, asegurando que comparten los gustos y aficiones del Camilo-víctima.

Su inteligencia es notable aunque es mayor el ruido que las nueces; o sea, son brillantes pero no excesivamente profundos.

Los que ostentan este nombre están dotados de gran originalidad, que a veces exageran, y que en ocasiones les lleva a ser un poco ridículos y un tanto extravagantes. La voluntad no es precisamente su punto fuerte, aunque la suplen con grandes dosis de perseverancia.

Personajes famosos:
Camilo Saint-Saëns, compositor francés.
Camilo Benso, conde de Cavour.
Camilo Desmoulins, revolucionario francés.
Camilo Flammarion, historiador.
Camilo Corot, pintor francés.
Camilo Fabra, marqués de Alella.
Camilo Blas, pintor peruano.
Camilo Castelo Branco, novelista portugués.
Camilo José Cela, escritor gallego, galardonado con el Nobel de literatura.

CARLOS – 68 –
CARLOTA – 70 –
CAROLINA – 73 –

Onomástica:
2 de marzo (Carlos el Bueno, conde de Flandes);
3 de junio (Carlos Lwanga, mártir).
17 de julio (Carlota, Carolina);
26 de setiembre (Carlos Garnier, mártir);
4 de noviembre (Carlos Borromeo, cardenal).
Nombre de raíz germánica, «Karl», que puede traducirse por fuerte, viril y de noble inteligencia.

Debemos decir en honor de la más estricta realidad que los que así se llaman son personas que por regla general creen suponerse en poder de la verdad, más allá del bien y del mal y que, en función de tales supuestos, creen que todo les está permitido. El mundo entero debe descubrirse ante sus teorías o razonamientos; cuantos les rodean deben admirarles por su brillante intelecto y la sociedad entera ha de reír sus gracias el día que van de chistosos. Mucho, muchísimo tienen que aprender los Carlos, Carlotas y Carolinas, para no resultar los propios perjudicados de su desorbitada megalomanía.

Dotados de un orgullo que frisa las fronteras de la soberbia tienen poco en cuenta las opiniones ajenas. Este craso y despótico error les hace cometer faltas gravísimas que, en una mayoría de ocasiones, les otorgan una reputación más que dudosa, acabando (como ya apuntábamos en el párrafo anterior) por perjudicarles seriamente.

Su karma les inclina hacia la política o las fuerzas armadas (milicia, policía, etcétera), llevados por su afán y capacidad de mando; afán y capacidad que se gestan en su totalitarismo congénito. No son tan «perfectos» en lo que a operatividad organizativa se refiere, aunque no carecen de ella totalmente. En líneas generales, su habilidad se circunscribe más en el hecho de orientarse hacia un camino que de abrirlo y liberarlo de obstáculos.

En otro aspecto profesional también resultan ser bastante positivos y hábiles: son industriales o financieros más que atrevidos, temerarios. Por encima de todo priva en ellos la audacia a cualquier orden o nivel y se dejan arrastrar por un momentáneo impulso, lo cual les lleva, a veces, a comprometer un halagüeño porvenir por causa de su vehemencia intemperante y su falta de dominio sobre las propias emociones.

En líneas generales son perseguidos por la desgracia.

Apasionados, temperamentales, arrojados, exuberantes, pródigos e irreflexivos, están llamados a realizar grandes empresas o, como mínimo, a acometerlas... Se exaltan con extraordinaria facilidad hasta alcanzar estados realmente paroxísticos, y se mueven por lo general fuera de toda medida o término medio. Su *modus operandi* nunca es equitativo ni equidistante.

Consideramos este nombre uno de los más complicados y conflictivos del calendario... Como diría el refrán, la excepción que confirma la regla. Y todas las excepciones merecen ser estudiadas con atención. En cuanto a los personajes famosos, la lista y consideraciones le dará al lector una idea exacta de la conflictividad y excepcional casuística particular de este nombre.

Personajes famosos:

El destino, trágico o/y triste de muchos monarcas que con este nombre se conocieron, confirma su maléfica influencia cuando otro nombre se une a él para mitigar o modificar lo adverso de sus malas cualidades.

En España pueden servirnos de ejemplo Carlos II «el Hechizado» y el inepto Carlos IV, en cuya égida se inició la decadencia de la nación.

Carlos III de Francia fue vencido por Hugo el Grande y destronado.

Carlos VI dilapidó el patrimonio de su país, enloqueció, y durante su nefasto reinado casi toda Francia cayó en poder de los ingleses.

Carlos IX ordenó la matanza de la noche de San Bartolomé y murió abrumado por los remordimientos.

Carlos X falleció en el destierro.

Carlos I de Inglaterra, acabó su existencia en el patíbulo.

Su hijo Carlos II estuvo gran parte de su vida en el exilio.

Carlos III de Nápoles fue asesinado.

Carlos II de Navarra pereció víctima de la lepra.

Carlos I de Portugal, asesinado.

Carlos XII de Suecia, encontró la muerte envuelta en una bala.

Carlos II, duque de Nevers, murió prisionero en el Louvre.

Carlos III, duque de Parma, fue destronado.

Carlos I de Austria, destronado también, murió en el destierro.

Carlos de Austria, príncipe de Asturias, hijo de Felipe II, murió loco.

Carlos de Blois halló la muerte a manos de Juan de Monfort.

Carlos de Dinamarca fue asesinado.

Carlos «el Temerario» murió en la guerra.

Otros protagonistas famosos (al margen de dinastías reales):

Charles Baudelaire, poeta y prosista francés, que vivió entre el libertinaje y el escándalo, las drogas y el alcohol, la hetero y la homosexualidad.

Carlos Marx, político, filósofo y economista alemán, autor del mítico *El Capital* e impulsor de la doctrina marxista que defendía la implantación de la dictadura del proletariado.

Charles Dickens, escritor británico, autor de la famosa obra *Las aventuras de Oliver Twist*; sin eludir las deformaciones caricaturescas ni la sensiblería, su devenir literario está salpicado de personajes pintorescos que hacen reír y llorar.

Charles Darwin, naturalista, científico e investigador británico, inspirador de la teoría llamada de la evolución de las especies.

Charles de Gaulle, militar y político francés, héroe de Vichy durante la Segunda Guerra Mundial, que llegó a Presidente de la República francesa.

Carlos de Beatz, señor de Artagnan, en cuyas Memorias se inspiró Alejandro Dumas para dar vida a su inmortal obra *Los Tres Mosqueteros.*

Charles Boyer, galán cinematográfico francés en las décadas 1930/40.

Carlos Saura, guionista y director de cine español.

Carlos Soldevila, novelista catalán.

Carlos Ferrer Salat, industrial catalán.

Carlos David Anderson, físico norteamericano, premio Nobel en 1936.

Carlos Arias Navarro, presidente del gobierno español de 1974 a 1976.

Carlos Arniches, autor de teatro costumbrista español.

Carlos Benz, ingeniero alemán.

Carolina Bonaparte, casada con Murat y reina de Nápoles.

Charlotte Brönte, novelista inglesa.

Carlos Manuel de Céspedes, patriota cubano.

Carlota Corday, heroína francesa de la Revolución que apuñaló a Marat.

Carlota de Saboya, madre de Carlos VIII.

Carlota Isabel de Baviera, segunda esposa del duque de Orleáns, llamada Princesa Palatina.

Carolina Coronado, poetisa romántica española.

Carolina, princesa de Mónaco.

CARMEN – 54 –

Onomástica:

16 de julio (Nuestra Señora del Carmen).

Es palabra latina que significa canto o poema. En Galilea se halla el monte Carmelo, *karm-el*, que puede traducirse como «Viña de Dios».

Sus cualidades, es obvio, son netamente femeninas: el amor por las charlas intrascendentes o por lo menos ligeras y frívolas, la volubilidad, la coquetería, la gracia, la sutileza, la vanidad, cierto encanto indefinido y penetrante, la intuición, la astucia... Y el sentido común muy dosificado.

Son, además, afables y corteses, de carácter alegre, aunque con un ligero matiz de melancolía.

Personajes famosos:

«Carmen Sylva», seudónimo literario de la reina Isabel

de Rumanía, a quien se deben hermosas narraciones y delicados poemas.

Carmen Conde, escritora española.

Carmen Amaya, bailadora española de fama universal.

Carmen Sevilla, actriz cinematográfica española.

Carmen Elías, actriz catalana.

Carmen Maura, descendiente del político Antonio Maura, actriz de cine y presentadora de televisión.

CASIMIRO – 87 –
CASIMIRA – 73 –

Onomástica:

4 de marzo.

Procede del nombre polaco *Kazimierz*, «el jefe de la casa».

Quienes reciben este nombre suelen ser, por lo general, personas de delicado espíritu, bien cultivado, agudo y satírico. Tienen una clara visión del ridículo y ven, antes que nada, la vertiente cómica de la existencia. Sin embargo, en su escepticismo hay una gran dosis de amargura que hacen lo imposible por disimular.

Les encantan los viajes, la lectura y todo cuanto pueda renovar su espíritu y enriquecer su sensibilidad con el aporte de nuevas sensaciones. Muestran especial predilección por las artes, concretamente por la pintura, aunque rara vez la cultivan.

Acostumbran a tener éxito en la vida pese a su imprevisión y a desfilar por ella en plan de halagadas y respetadas. Su gran fuerza de voluntad les ayuda a conseguir todo lo que quieren.

Personajes famosos:

Casimiro, rey de Polonia, padre de San Casimiro.

Casimiro Vila Vinyeta, autor de *Viaje en el Transi- beriano*.

Casimiro Delavigne, poeta francés.

Casimiro Périer, político francés.

CATALINA – 61 –

Onomástica:

2 de febrero (Catalina Ricci);

9 y 24 de marzo, 9 de abril, 4 de mayo y 25 de noviem- bre (Catalina, virgen);

5 de abril y 28 de julio (Catalina Tomás);

30 de abril (Catalina de Siena, virgen);

22 de mayo (Catalina Flisca, viuda);

28 de junio (Catalina Vicenta Gerosa);

14 de setiembre (Catalina de Génova);

31 de diciembre (Catalina Labouré, virgen).

Del griego, *katharos*: puro.

Tímidas, dulces, amantes de la virtud y la modestia, dulces y afectuosas, recatadas, aunque sin exagerar ni in- cluirse en el falso círculo de la mojigatería, pocas personas tienen tan desarrollados como ellas el sentimiento del deber y la justicia. Nadie sospecharía al verlas «tan poquita cosa» (la mayoría de las Catalinas son frágiles y bajitas), la energía de su carácter, la facilidad y vigor que poseen a la hora de reaccionar ante las adversidades, su valentía ante las luchas que la vida suele imponerles en sus primeros años de ado- lescencia y la seguridad que tienen en su valía y fuerza.

Son generosas pero saben contar y, sin mezquindad, gustan de abrir su modesta cuenta de ahorros pensando en el día de mañana, por aquello de que la caridad bien entendida empieza por una misma. Saben del valor del dinero, de lo que cuesta ganarlo, y de que debe gastarse con sensatez.

Por su inteligencia despierta y racional suelen ser excelentes consejeras y, a la vez, no dudan a la hora de seguir los que se les proporcionan, sea cual fuere la procedencia, si lo consideran aplicable.

En el amor son de una fidelidad intachable, sin mácula, si la persona amada es digna de ellas. Amantes de la paz y la armonía, suelen propagar su buen humor allí donde se encuentran. Suelen gozar de dotes paranormales.

Personajes famosos:

Catalina de Siena, perteneció a la orden de las terciarias dominicas y convenció a Gregorio XI para que reintegrase a Roma la sede pontificia de Aviñón.

Catalina II «la Grande», emperatriz de Rusia de 1762 a 1796.

Catalina de Aragón, hija de los Reyes Católicos, que contrajo matrimonio con Enrique VIII de Inglaterra quien acabó repudiándola en favor de Ana Bolena; fue recluida hasta su muerte.

Catalina de Médicis, reina de Francia, desposada con el futuro Enrique II, del que alumbró diez hijos.

Catalina Howard, quinta mujer de Enrique VIII de Inglaterra; fue decapitada.

Catalina Parr, reina de Inglaterra, sexta y última mujer de Enrique VIII.

Catalina de Bora, monja, casada con Lutero.

Catalina Albert i Paradís, llamada Víctor Català, escritora catalana.

Catalina Deneuve, actriz cinematográfica francesa que conoció la fama de la mano del director español Luis Buñuel.

Catherine Mansfield, novelista inglesa.

CAYETANO – 84 –
CAYETANA – 70 –

Onomástica:
7 de agosto
Procede del latín *gaëtanus*, «nativo de Gaëte».

Este nombre indica, para sus poseedores, un cierto refinamiento de espíritu, una inteligencia más efectiva que profunda, amabilidad y afabilidad con un alto grado de condescendencia, una distinción teñida de reserva y, a veces, de frialdad, con sentimientos delicados que en ocasiones pueden llegar a ser violentos. El dinero representa para ellos un medio necesario para mantener un buen nivel de vida.

En resumen, se trata de un nombre poco común, pero que, no por ello, implica una fuerte personalidad.

Personajes famosos:
Gaëtano Donizetti, compositor italiano.
Cayetano Córdova Iturburu, poeta argentino.
Cayetano Barrera, bibliógrafo español.
Cayetana Fitz-James Stuart, duquesa de Alba.
Cayetano Arroyo, uno de los místicos españoles más importantes del siglo XX.

CECILIO – 56 –
CECILIA – 42 –

Onomástica:
1 de febrero y 15 de mayo (Cecilio, obispo);
16 de abril y 22 de noviembre (Cecilia, virgen y mártir);
3 de junio (Cecilio, presbítero);
12 y 17 de agosto (Cecilia, abadesa).

Nombre de raíz latina relativo al dios Coeculus, diminutivo de *coecus*, ciego, o con más propiedad: corto de vista.

Dado su fortísimo e independiente espíritu, las personas que llevan este nombre raras veces se doblegan a la opinión ajena por prestigiosa que fuere la procedencia de aquélla, sin antes pasarla y repasarla por la estricta criba de su sentido crítico-analítico. Este modelo intransigente no suele perjudicarles, pues, para no cometer errores, cuentan con la suficiente clarividencia y un intelecto despierto y agudo, amén de un gran poder de observación, aderezado con un carácter tolerante y comprensivo, una bondad a prueba de bomba y una sólida cimentación cultural.

Carecen de egoísmo y son rematadamente sinceros, hecho éste que en ocasiones acaba perjudicándoles. Es éste, sin duda, uno de los nombres más destacados y favorables del santoral.

Personajes famosos:

Cecilia Böhl de Faber, escritora española del siglo XIX que se ocultaba bajo el seudónimo de Fernán Caballero.

Cecil Parker, actor cinematográfico estadounidense.

Cecil B. de Mille, director de cine norteamericano especialista en superproducciones de masas.

Cecilio Romaña Berón de Estrada, célebre médico argentino descubridor del «Síndrome de Romaña».

Cecilio Acosta, poeta romántico venezolano.

CELESTINO – 102 –
CELESTINA – 88 –

Onomástica:
6 de abril y 27 de julio.

Procede del latín *coelestus*, «el que viene del Cielo».

Quienes llevan este nombre deberían ser la perfección innata, con algo de vaporoso, de ideal, de «celeste». No obstante, los así llamados son a menudo más positivos que idealistas. Ordenados, activos, van por la vida con calma y
68

seguridad. Poco a poco, van logrando lo que quieren, a base de tesón, de perseverancia, de trabajo.

Personajes famosos:

Célestin Jonnart, político francés.

Celestino V, papa (San), cuya fiesta se celebra el 19 de mayo.

CÉSAR – 46 –

Onomástica:

15 de marzo.

Del latín *Cæsar*, jefe conductor, procedería de una antigua raíz que significa «peludo».

Poca influencia ejerce el bello sexo en los hombres que ostentan este nombre, por el hecho concreto de que los dictados de su corazón pasan antes por el tamiz del raciocinio; se quiere decir con esto que no son precisamente apasionados, vehementes, temperamentales y que, consecuentemente, no toman ninguna determinación importante sin antes haberla meditado largamente.

Tienen una inteligencia más que aceptable y una férrea voluntad que suele imponer a aquellos que les rodean. Como amigos suelen ser aceptables, pero hay que temerlos como enemigos ya que, está comprobado, jamás olvidan los agravios de que les hacen objeto.

Personajes famosos:

César Octavio Augusto, emperador romano..

César Borgia.

César Manrique, arquitecto canario.

César Pavese, novelista italiano.

César Cantú, historiador italiano.

César Frank, compositor de música.

César Joffre, mariscal de Francia.

César Cui, compositor ruso.
César Andrade, poeta ecuatoriano.

CIPRIANO – 98 –

Onomástica:
14 de setiembre
Del griego, «nativo de Chipre».

Los Cipriano son gente que destacan del común de los mortales y ellos mismos no hacen ningún esfuerzo por perderse en la multitud. Sin buscar hacerse notar, tienen su particular punto de vista de la vida, que les mantiene algo apartados del resto de los humanos.

Personajes famosos:
Cipriano Campos, novelista mexicano.
Cipriano Castro, político venezolano.
Cipriano de la Huerga, escritor español.

CIRIACO – 58 –

Onomástica:
8 de agosto.

Un nombre que se da raramente por lo que no resulta fácil establecer un tipo bien preciso. Buenos, devotos, caritativos, sin pretensiones ni orgullo, los Ciriaco son dignos de simpatía. Desgraciadamente, el éxito no corona siempre todos sus méritos.

Personajes famosos:
Ciriaco, jugador de fútbol español, famoso en los años veinte, formando pareja en la defensa del Real Madrid con Quincoces.
Ciriaco de Vicente, político español.

CIRILO – 66 –

Onomástica:

9 de febrero (Cirilo, patriarca de Alejandría)
18 de marzo (Cirilo de Jerusalén)
Del griego, «pequeño señor».

Los Cirilo son a menudo vanidosos, creyéndose superiores al resto de los humanos, pero como al mismo tiempo son bondadosos, les agrada prestar servicios y no se muestran enfurruñados ni rencorosos, perdonándoseles ligeros defectos en consideración de su sociabilidad.

Personajes famosos:

Cirilo Villaverde, escritor romántico cubano, autor, entre otras, de la célebre novela *Cecilia Valdés*.

CLARA – 35 –
CLARISA – 63 –

Onomástica:

30 de enero (Clarisa, abadesa);
12 de agosto (Clara, fundadora);
17 de agosto (Clara, virgen y Clara de la Cruz de Montefalso).
Del latín *clarus*, ilustre, brillante.

Por lo general están condenadas a un absoluto aislamiento del espíritu, lo que hace que desde temprana edad se acostumbren a pensar y sentir por sí mismas, reprimiendo las manifestaciones externas de su sensibilidad, sobre todo si son de carácter sentimental.

Son muy intuitivas y su voluntad no es de las peores sin que tampoco sea su virtud más considerable. Son leales, nobles y ordenadas. Este nombre, uno de los mejores en el orden femenino, concede gracia, delicadeza y bondad, para completar y complementar el ramillete de virtudes que adornan a las que lo ostentan.

Son altamente impresionables.

Personajes famosos: Clara Wieck, esposa del compositor Robert Schumann.

Clara Campoamor política y diputada española durante la Segunda República.

Clara de Asís, monja franciscana..

Clara Janés, poetisa catalana.

Clara Petacci, amante de Benito Mussolini, que encontró, en compañía de éste, una trágica muerte.

CLAUDIO – 65 –
CLAUDIA – 51 –

Onomástica:

20 de marzo y 18 de mayo (Claudia, virgen y mártir).

26 de abril, 3 de junio, 7 de julio, 21 de julio, 23 de agosto, 25 y 30 de octubre (Claudio, mártir);

6 de junio (Claudio, obispo);

3 de diciembre (Claudio, tribuno y mártir);

Del gentilicio latino *Claudicus*, cojo.

La voluntad no es precisamente un prodigio de energía en quienes así se llaman, pero no carecen por ello de capacidad de decisión a la hora de enfrentarse a los problemas cotidianos, por complicados que éstos sean.

Disponen de una gran actividad física y mental.

Gracias a su inteligencia y cultura y a su innegable don de gentes, que les granjea las simpatías de cuantos les rodean, someten a las gentes de su entorno a un sutil dominio que ellos no parecen proponerse.

Son serviciales y poseen un gran sentido del deber y de la responsabilidad que se les exige.

Personajes famosos:

Claudio I, emperador romano, esposo de Mesalina y después de Agripina.

Claudio II, emperador romano.

Claudio Coello, pintor de cámara español.

Claudio Lelouch, director cinematográfico francés.

Claudio Monet, pintor impresionista francés.

Claudio Monteverdi, compositor.

Claudio Debussy, compositor.

Claudio Bernard, fisiólogo francés.

Claudio Alströemer, botánico sueco.

Claudia Cardinale, actriz italiana.

Claudio Colomer, político, abogado y hombre de negocios catalán.

CLEMENTE – 77 –
CLEMENTINA – 96 –

Onomástica:

23 de noviembre (Clemente I, papa)

Del latín *clemens*, «indulgente, que perdona fácilmente».

Los Clemente tienen voluntad, sentimientos, pero no se aventuran en negocios extravagantes ni en necedades. Son gentes calmosas que, metidas en situaciones embarazosas, se salen de ellas satisfactoriamente, sin provocar grandes alborotos. Los Clemente son imaginativos, sensitivos, pero de carácter voluble y poco serio.

Personajes famosos:

Clemente Marot, poeta

Los papas llamados Clemente fueron hasta el XIV, repitiendo nombre Gil Muñoz como Clemente VIII, antipapa español sucesor de Pedro de Luna.

Clemente Althaus, poeta peruano.

73

CLOTILDE – 80 –

Onomástica:

3 de junio.

De raíz germánica *Clod*, ilustre y *hilt*, don, regalo.

Las Clotilde no suelen ser personas vulgares. Antes al contrario, su inteligencia, a la vez profunda e intuitiva y su firme voluntad las hacen despuntar. Podrían parecer distantes o altivas, pero esta sensación desaparece a medida que se las conoce y se disfruta de su amistad.

Personajes famosos:

Clotilde, esposa de Víctor Manuel.

CONRADO – 70 –

Onomástica:

1 de junio (Conrado, mártir);

3 de agosto, 30 de setiembre y 26 de noviembre (Conrado, obispo).

Nombre de raíz germánica, *chun-radus*, que puede traducirse por: «consejo del audaz».

Soberbios, egocéntricos, dominantes y vanidosos, así se presentan ante el mundo los que tal nombre ostentan. Mientras son capaces de conservar el autodominio y la serenidad se esmeran por aparentar sensación de rectitud, de bondad y justicia; pero estas cualidades no son genuinas y cuando su egoísmo predomina, no vacilan en presentarse tal como realmente son: despóticos, tiránicos, duros de corazón y perversos de sentimientos. Su voluntad es irreversible, firme en grado superlativo: no hay nada ni nadie que la doblegue, nada que les haga retroceder.

Tenaces y agresivos no perdonan la más ligera ofensa y tan lejos como les sea posible llevarán su ansia de venganza.

74

No se muestran piadosos pese a esgrimir palabras de amor y de cultivar con cierta frecuencia las prácticas religiosas.

Personajes famosos:

Conrado Sanmartín, actor de cine español.

Konrad Adenauer, canciller de Alemania Federal.

Conrado Sala, editor y hombre de negocios catalán

CONSTANTINO – 144 –
CONSTANZA – 113 –

Onomástica:

29 de julio

Del latín *constantin*, perseverante.

Los Constantinos son «constantes», hasta el heroísmo o hasta la terquedad. ¿Esto es bueno o malo? Todo depende de la orientación que den a esta masiva voluntad, a su carácter de una sola pieza, imposible de dejarse influenciar.

Personajes famosos:

Constantino I el Grande, emperador romano, al que siguieron otros emperadores romanos con el mismo nombre hasta el XI.

Constant Coquelin, actor francés.

Constantino de Savoia.

Constantino I, rey de Grecia.

Constantino II, rey de Grecia.

Constantino Caramanlis, político griego.

COSME – 64 –
CÓSIMA – 60 –

Onomástica:

27 de setiembre (Cosme, mártir).

Nombre de origen griego, *kosmetes*, pulido, escrupuloso, que a su vez deriva de *kosmos*, universo.

Este nombre otorga a sus poseedores un innato sentimiento de orden, justicia y equidad. Por contra, y a pesar de lo que indican sus raíces etimológicas griegas, no suelen ser en exceso ordenados. Por lo común, se manifiestan con cierto materialismo y tienen mucho de *bon-vivant*, encantándoles los placeres pantagruélicos de una desordenada gastronomía. Generosos en cuestiones de dinero, son variables en sus afectos, pero cuando el amor aldabonea en su corazón, abren las puertas sin recelo y dan muestra de una exquisita fidelidad.

Personajes famosos:
Cosme de Médicis.
Cósima Listz, esposa de Ricardo Wagner.

CRISTIÁN – 93 –
CRISTINA – 93 –

Onomástica:
4 de enero, 7 de abril, 24 de mayo, 12 de noviembre y 15 de diciembre (Cristián);
13 de junio y 24 de julio (Cristina, virgen y mártir);
11 de agosto (Cristina, abadesa).

Cristina es una variante de Crista que a la vez es variante femenina de Cristo, que procede del griego *christós*, ungido, término aplicado al Mesías.

Quienes llevan este nombre suelen ser desconfiados y recelosos, al tiempo que hacen ostentación de prepotencia, deseando siempre ser considerados el foco de interés del ámbito social en el que se desenvuelven.

Son muy capaces de experimentar rencor y odio y debe temerse a las Cristinas cuando el fantasma de los celos obsesiona y mediatiza su mente y sus sentimientos. Son, además, obstinadas y ambiciosas.

Este apelativo concede un conjunto global de cualidades que, bien aprovechadas y encaminadas, podrían arrojar excelentes resultados. Mas, por lo general, sucede lo contrario, al predominar el pragmatismo exacerbado que, unido muchas veces a falta de cultura, impiden que se depuren las virtudes y, por tanto, afloren los defectos.

Personajes famosos:
Cristina, reina de Suecia.
Cristina Söderbaum, actriz cinematográfica alemana.

Christine Keeler, cantante y *strip-teaser* británica, cuya relación íntima y voluptuosa con Profumo, desencadenó uno de los escándalos más impresionantes que se recuerda en el Parlamento inglés.

Christian Barnard, médico cirujano sudafricano.

Christian Andersen, famoso escritor de cuentos infantiles.

CRISTÓBAL – 99 –

Onomástica:
25 de julio (Cristóbal, mártir);
20 de agosto (Cristóbal, monje y mártir);
31 de octubre (Cristóbal Romagna).

Es nombre de procedencia griega: *Cristophoros*, que se traduce como «portador de Cristo».

La sensualidad del temperamento de estos hombres no excluye un sincero afán de idealismo, como si buscaran en este último una equidistancia o compensación.

Por regla general suelen mostrarse pesimistas frente a las adversidades de la vida —e incluso cuando las cosas les marchan viento en popa—, aunque procuran y se esfuerzan denodadamente por corregir este handicap que les coarta y mediatiza en el desarrollo de sus facetas profesionales e incluso en su forma de producirse social y familiarmente.

Se advierte en ellos cierto deseo de llamar la atención, pero controlan esa «alegría» procurando desenvolverse siempre dentro de los límites del convencionalismo y las reglas establecidas porque, ante todo, observan la ley y el orden con escrupulosa prudencia.

Demuestran gran actividad física aunque un tanto desordenada, cayendo en el lado negativo de la moraleja de un viejo adagio que recuerda a los impulsivos aquello de: Quien mucho abarca....

Se dominan y controlan con bastante éxito y ello hace que no salga a la superficie la sorda irritación que a veces les invade cuando el mundo les hace objeto de una de sus muchas injusticias. Aunque por lo general no se manifiesta de manera ostensible, tienen tendencia a dominar. Es difícil conocerles bien porque aparecen ante los ojos de la gente no tal como son, sino como en realidad desearían ser.

Personajes famosos:

Cristóbal Colón, marino y navegante genovés, descubridor de las Américas bajo el patrocinio de la corona de España.

Cristóbal de Acuña, misionero español.

Cristóbal Vaca de Castro, político español, gobernador del Perú.

Cristóbal de Beaumont, arzobispo de París.

Cristóbal Gluck, músico.

Cristopher Lee, actor de cine inglés especializado en temas de terror.

Cristóbal De Moura, político portugués.

DÁMASO – 53 –
DÁMASA – 39 –

Onomástica:
11 de diciembre
Nombre de orígen griego que significa «domador».

Es un nombre fuerte y poderoso que influenciará profundamente a sus portadores, quienes no suelen ser gente mediocre. Los Dámaso saben controlarse a sí mismos. Son trabajadores, modestos y se contentan con lo suficiente.

Personajes famosos:
Dámaso Alonso, poeta y filólogo español.

DANIEL – 45 –
DANIELA – 46 –

Onomástica:
3 de enero, 16 de febrero, 10 de julio, 10 de octubre (Daniel, mártir);
21 de julio (Daniel, profeta);
11 de diciembre (Daniel, estilita).

Nombre propio hebreo compuesto por el sustantivo *dn*, que se traduce por «juicio», «juez», y el elemento divino El, que equivale a Dios. Puede traducirse por: «Dios es mi juez».

Quienes lucen este nombre pueden considerarse personas de voluntad seguida y constante a la que deben añadirse la tenacidad y la perseverancia. Son gente que sin estridencias ni excesiva parafernalia siguen el camino que se han trazado desde el principio y no descansan ni dejan que los demás lo hagan hasta que no alcanzan el objetivo propuesto.

Ni se desalientan ni descorazonan por grandes que sean las dificultades, y con el mismo temple de ánimo y la misma uniformidad rítmica desarrollan su esfuerzo cuando las circunstancias les son favorables o cuando se presentan por completo adversas; para ellos todos los momentos son buenos para seguir adelante y avanzan paso a paso, lenta, pero infatigablemente, sin cejar ni un solo instante hasta que consiguen el logro que se habían propuesto desde un principio.

Personajes famosos:

Daniel Defoe, novelista británico autor del inmortal *Robinson Crusoe.*

Daniel Gabriel Fahrenheit, físico alemán.

Daniel Ortega, político nicaragüense.

Danielle Darrieux, actriz francesa.

Daniel de Volterra, escultor italiano del siglo XVI.

DAVID – 40 –

Onomástica:

1 de marzo (David de Gales);

26 de junio (David, ermitaño);

15 de julio (David, abad);

29 de diciembre (David, rey y profeta).

Nombre propio hebreo que significa: amado, amigo.

Los que así se llaman demuestran desde siempre una extraordinaria confianza en sus propias fuerzas. Es un defecto capital en ellos, hay que decirlo en honor a la verdad, la precipitación con que se lanzan a las más atrevidas empresas sin calibrar lo más mínimo si las condiciones serán favorables o adversas, sin pararse un segundo a pensar en los pros y en los contras. No están, tampoco, dotados de sentido práctico.

Pese a lo expuesto y a ser muy vivos de genio, no son vengativos ni rencorosos, estando siendo dispuestos a prestar su colaboración y ayuda en todo aquella que tenga que ver con la amistad o la caridad. Bien orientados y prudentemente frenados en sus impulsos vitales, pueden llegar a ser excelentes profesionales en la vertiente que se propongan.

Personajes famosos:

David Lean, director cinematográfico británico.

David Niven, actor inglés.

David Romano, historiador catalán.

David Ben Gurion, político israelí.

DIEGO – 40 –

Onomástica:

3 de febrero (Diego Kisai, mártir);

24 de marzo (Diego de Cádiz, confesor);

13 de setiembre (Diego de Santa Clara, mártir);

13 de noviembre (Diego, confesor).

Aunque la fuente de información no aclara datos muy precisos al respecto, parece ser que este nombre deriva del griego *didachos*, instruido.

Nos parecería muy duro y hasta cierto punto exagerado calificar de hipócritas a cuantos así se llaman, porque evidentemente no todos lo son, pero bueno será no dar crédito de buenas a primeras a lo que digan, pues poseen una habilidad casi congénita para esconder sus genuinas impresiones y desvirtuarlas hasta casi rozar la falsedad.

En apariencia alegres y confiados, no lo son tanto realmente. Lo más frecuente en ellos es un carácter sombrío y hasta torturado que ocultan sutilmente bajo el disimulo de una falsa sonrisa.

Son personas obstinadas y difíciles de comprender.

Personajes famosos:

Diego Abad de Santillana, político republicano de la Guerra Civil española.

Diego de Erasmo, el último rey de los lombardos.

Diego de Agüero, conquistador español del siglo XVI.

Diego de Almagro, conquistador español.

Diego de Almagro, llamado El Mozo, hijo del anterior, contribuyó al asesinato de Pizarro.

Diego Colón, almirante español, hermano de Cristóbal Colón.

Diego Rivera, pintor mexicano.

Diego Carcedo, periodista español.

Diego Armando Maradona, futbolista argentino de renombre mundial.

DIONISIO – 94 –
DIONISIA – 80 –

Onomástica:

9 de octubre (Dionisio Aeropagita)

6 de diciembre (Dionisia, mártir)

Del griego *dyonisios*, «consagrados a Baco».

De orígen griego, Dionisio era el nombre del dios Baco. Los Dionisio suelen ser un poco secos y callados, pero no por ello tienen mal carácter. Es su timidez la que les impide ser un poco más comunicativos. Les cuesta adaptarse a los demás, pero al final acaban cediendo. Excelentes amigos de sus amigos.

Las Dionisias, sobre todo si se llaman Denise, suelen ser mujeres elegantes y simpáticas, y unas auténticas buenazas.

Personajes famosos:

Dionisio el Viejo, tirano de Siracusa.

Dionisio Ridruejo, poeta español.

Dionisio Papin (inventor de la máquina de vapor)

Dionisio Diderot, filósofo francés.

DOLORES – 88 –

Onomástica:

La fecha concuerda con el viernes de Dolores de la Semana Santa de cada año.

También se celebra dicha onomástica el día 15 de setiembre.

Procede del latín *dolor*, sustantivo que es un derivado del verbo *doleo*, sufrir.

Es uno de los nombres más positivos del santoral.

Las mujeres que así se denominan son bondadosas, dulces, humildes y laboriosas. Su fidelidad está por encima de cualquier duda, lo mismo que su condición de extraordinarias esposas y madres abnegadas.

Apenas si un ligero amor propio empaña este conjunto de hermosas prendas personales.

Personajes famosos:

Lola (Dolores) Membrives, actriz española de fama internacional.

Dolores Mentés, aventurera de origen irlandés.

Lola (Dolores) Anglada, narradora y dibujante de cuentos para niños.

Onomástica:

22 de enero (Domingo, abad);

9 de marzo (Domingo Savio, confesor);

15 de abril (Domingo Yanes);

12 de mayo (Domingo de la Calzada);

4 de agosto (Domingo de Guzmán);

31 de agosto (Domingo de Val, niño y mártir);

10 de setiembre (Domingo Castellet);

13 de setiembre (Domingo Tamki);

14 de octubre (Domingo el Acorazado);

20 de diciembre (Domingo de Silos, abad);

29 de diciembre (Domingo, mártir).

Procede de la voz latina *dominicus*, que puede traducirse por: «pertenece al Señor».

Quienes tal nombre ostentan tienen un carácter ciertamente controvertido, extraño y extravagante en ciertos aspectos, que abunda en rudos contrastes, los cuales desconciertan a quienes les tratan y hacen que no sepan cómo deben conducirse con ellos en un momento o circunstancia determinados.

Eso no es óbice para que tengan ideas propias y fijas, bien determinadas, poseyendo la energía de carácter necesaria para defenderlas y aún para imponerlas.

Personajes famosos:

Domingo Del Barbiere, pintor y escultor italiano.

Domingo Balmanya, futbolista y técnico catalán, presidente-director de la escuela de entrenadores.

Domenico Modugno, compositor e intérprete musical de canciones del género ligero.

Domingo Larrey, cirujano francés.

Onomástica:
6 de febrero;
5 de junio (Doroteo, mártir).

Nombre que procede del griego y significa «presente de Dios».

Los Doroteos no son necios, pero no gustan demasiado de «quemarse las pestañas» estudiando. Prefieren la vida activa del trabajo, pues no carecen de energías. En cuanto al dominio de lo sentimental, son capaces de amar con todas sus fuerzas, que, en este terreno, son bastantes.

Personajes famosos:

Doroteo Martí, escritor de seriales para la radio y la televisión.

EDMUNDO – 76 –

Onomástica:

20 de noviembre.

Del alemán, significa «hombre afortunado».

Los Edmundos son vivos, espontáneos, de carácter ligero y dispuestos de espíritu, lo que les confiere grandes dotes para desenvolverse bien en sociedad. Afectuosos, amantes del placer y las comodidades, logran el éxito fácilmente, pues son amables, atentos, no agradándoles ser contradictorios.

Sin embargo, son bastante influenciables, no pudiendo resistir demasiado tiempo a una voluntad fría y tenaz. Resumiendo, son gente de fácil vivir pero a los que les falta algo de solidez temperamental.

Personajes famosos:

Edmundo Rostand, autor dramático.

Edmond Audran, compositor de música francés.

Edmundo de Amicis, novelista italiano, autor de la novela *Corazón*.

EDUARDO – 68 –

Onomástica:

18 de marzo (Eduardo, rey y mártir);

13 de octubre (Eduardo, rey);

16 de diciembre (Eduardo monje).

Nombre de raíz germánico que deriva de *brod-ward*, que se traduce por «buen guardián».

Casi todos los que se adornan con este nombre están un poco pagados de sí mismos, tanto por lo que se refiere a sus cualidades intelectuales como a las físicas; aquéllas son brillantes pero poco sólidas y no en exceso profundas. Las otras, es obvio, les proporcionarán la admiración del bello sexo y en ocasiones serán objeto de un acoso descarado por parte de aquellas féminas cuya pasión hayan despertado. Por lo que respecta a sus condiciones morales dejan algo que desear, pues su ética es demasiado flexible y, aún así, suelen transgredirla con excesiva facilidad.

Son, sin embargo, personajes activos y animosos, que pocas veces se desalientan ante el fracaso, obstinándose siempre en perseguir el éxito aunque sea con tropezones incluidos. Por naturaleza sienten cierta inclinación hacia la melancolía, que combaten al ser conscientes de lo perjudicial que podría resultarles dejarse arrastrar por ella.

Son de buena complexión y de una saludable robustez.

Personajes famosos:

Eduardo, hijo de Eduardo III, príncipe de Gales, conocido como El Príncipe Negro por el color de su armadura.

Eduardo Grieg, compositor noruego.

Eduardo Manet, pintor impresionista francés.

Eduardo Toldrá, compositor y músico catalán.

Eduardo Mendoza, escritor español.

Edward Albee, dramaturgo norteamericano, autor de *¿Quién teme a Virginia Woolf?*

Eduardo Chillida, escultor español.

Eduardo Dato, político español.

Onomástica:

22 de mayo (Elena, virgen);

13 de agosto (Elena, mártir);

18 de agosto (Elena, emperatriz).

Nombre griego derivado de *helane*, que significa luz y que se traduce por: «la brillante», «la resplandeciente».

Parece indudable que este nombre concede a las mujeres que lo ostentan una imaginación fantasiosa, soñadora, y naturalmente, poco práctica.

En general y por lo que al físico respecta, suelen ser atractivas, bien formadas, muy femeninas y ejercen una gran influencia en el sexo opuesto.

Personajes famosos:

Elena Boucher, aviadora francesa.

ELÍAS – 46 –

Onomástica:

20 de julio.

Del hebreo, significa «Dios, Señor».

Los Elías son hombres de valor, pero no siempre tienen un vivir fácil. Son voluntariosos, como su santo patrón, por lo que, como éste, se elevarían en un carro de fuego por encima de este valle de lágrimas, no estando tampoco dispuestos a poner al servicio de los demás sus dones y sus cualidades.

Personajes famosos:

Elie Decazes, político francés.

Elías del Medigo, cabalista italiano.

Elías Torres, arquitecto ibicenco.

Onomástica:

20 de julio (Elisa, abadesa);

5 de diciembre (Elisa, virgen).

Nombre bíblico, deriva de *elyasa,* con el significado de promesa divina, juramento de Dios o Dios ha auxiliado.

Mujeres de gran corazón, obedientes, dóciles y sumisas, con mayores aptitudes para ser mandadas que para ejercer ellas unas dotes de mando que realmente no poseen.

Su generosidad es tan extrema que no guardan rencor ni aun a aquel que las haga víctimas de la mayor humillación aunque, eso sí, procuran guardarse de él en el futuro. Lo cierto es que su magnanimidad y comprensión las hace estar siempre dispuestas a perdonar.

Cabe la posibilidad de que su primer amor se convierta en un tremendo desengaño pero, aunque parezca que no van a reponerse jamás de ese duro golpe y que nunca más volverán a amar con la misma intensidad e idéntica pasión, se equivocan porque en el futuro amarán de nuevo con igual o mayor vehemencia. Su ternura, que esconden por el pudor innato que las adorna, se manifiesta en su aspecto agradable y risueño, en sus miradas, sonrisas, y en la forma que tienen de hablar y comportarse. Sus ademanes, incluso, exultan un candor patético que raya en lo infantil

Son tan sensibles y exquisitas que es casi imposible estar a su lado y no sentirse subyugado por su presencia y por ese halo de bondad y cariño que transpiran, posiblemente, sin que ellas mismas se lo propongan. De modales dulces y sencillos, adoran su independencia y sólo al amor la sacrifican. Aún manifestándose dentro de los límites de la más exquisita corrección, desprecian los convencionalismos.

Se muestran sinceras y constantes en sus afectos. Su voluntad es desigual y no acostumbran a ser muy comunicativas. Su carácter es una mezcla extraña y paradójica de pragmatismo e idealismo espiritual, prevaleciendo una u otra forma según la impresión que reciban en el momento.

Personajes famosos:

Elisa Bonaparte, hermana de Napoléon.

ELOY – 57 –

Onomástica:

1 de diciembre (Eloy, abad).

Deriva de *Eloi*, forma francesa de *Eligius*, elegido.

Diestros, hábiles y mañosos, incluso astutos, saben sacar partido de las circunstancias, cualesquiera que sean. En muchas ocasiones, su impetuosidad temperamental compromete el éxito de las empresas que acometen, al privar la vehemencia sobre el sentido común o el buen sentido.

También, a veces, les perjudica el exceso de confianza en sí mismos.

Son enemigos de todo estudio y plan que indique demora o aplazamiento en relación a las metas o plazos de término a que se han comprometido consigo mismos a la hora de iniciar una empresa o tarea. Eso significa que uno de sus axiomas favoritos es: «pensado y hecho».

En líneas generales son buenas personas.

Personajes famosos:

Eloy Alfaro, general y político ecuatoriano.

Eloy de la Iglesia, director vasco de cinema.

Eloy Arenas, componente del dúo cómico «Martes y 13».

90

ELVIRA – 67 –

Onomástica:
25 de enero (Elvira, virgen);
8 de mayo (Elvira, viuda y mártir).

Es nombre derivado del de una antigua población situada cerca de Granada (España), llamada Illiberis, donde se celebró un importante concilio de carácter nacional.

A pesar de que la mayoría de las Elviras hacen gala de una terquedad numantina poco menos que invencible, es desigual la confianza que en sí mismas tienen, y se desalientan fácilmente si aparecen obstáculos, por pequeños que sean, que dificulten sus empresas.

Son mujeres económicas, laboriosas y discretas.

Personajes famosos:
Elvira Quintillá, actriz española.

EMILIO – 63 –
EMILIA – 49 –

Onomástica:
5 de abril y 18 de julio (Emilia, virgen);
3 de mayo (Emilia, monja);
22 y 28 de mayo, 6 de octubre (Emilio, mártir);
24 de agosto (Emilia de Vialar);.
15 de setiembre (Emilio de Córdoba).

Su raíz es griega, derivando de *aimilios*, que significa enérgico, trabajador.

Este nombre suele conceder excelentes cualidades a quienes lo ostentan.

Los que así se llaman se caracterizan por su inteligencia, espontaneidad, buen gusto artístico, inclinaciones artesanas, y por lo hábiles que acostumbran a ser a la hora de lanzarse a una aventura comercial sabiendo elegir el momento oportuno.

Son personas laboriosas, constantes, de extraordinaria fe en sus propias fuerzas, animosas, perseverantes, tenaces y con espíritu de triunfo por bandera; leales, afectuosas y plenas de bondad, por lo que acaparan la simpatía y el afecto de quienes les rodean tanto en el área íntima como en el mundo profesional, familiar y social.

En general, y porque son triunfadores natos, llegan hasta el fin de sus empresas a pesar de los obstáculos que puedan hallar en su camino.

Personajes famosos:

Emilio Zola, famoso escritor francés.

Emilio Castelar, político y escritor gaditano y segundo presidente de la primera República.

Emilio Vendrell, tenor de zarzuela catalán.

Emilio Romero, polémico periodista y escritor.

Emilia de Pardo Bazán, escritora gallega.

ENRIQUE – 89 –
ENRIQUETA – 110 –

Onomástica:

13 de marzo (Enrique de Dinamarca)

13 de julio (Enrique, obispo);

26 de setiembre (Enrique, monje);

22 de noviembre (Enrique, cardenal).

Nombre germánico: *heim-ric*, «casa poderosa».

Tienen una habilidad impecable, extraordinaria, para disimular sus verdaderas emociones y adoptar en cada momento y circunstancia la actitud que se les exige, muy alejada en ocasiones de lo que realmente sienten. No obstante, puede decirse que la hipocresía no es su fuerte, por extraño que parezca. Podría decirse que tienen un proceder camaleónico a la hora de adaptarse a una situación determinada.

En general son reservados y sus normas morales no siempre obedecen a un criterio estricto o definido, sino que gozan de una flexibilidad que no llega al extremo de contravenir lo que es justo o ético.

Aman el dinero, no de una forma intrínseca, pero sí por lo que representa y por su innegable utilidad, no economizándolo cuando de sus gustos o comodidades se trata.

Son inteligentes, sí, pero lentos en los períodos de asimilación. Sufren, en determinados momentos de su existencia, crisis de melancolía.

Personajes famosos:

Enrique VIII de Inglaterra a quien su excesivo apasionamiento y por qué no, su afecto hacia la lujuria, le llevó a protagonizar un cisma histórico con el poder católico de Roma que desembocó en la fundación de la Iglesia Anglicana.

Henry de Toulouse-Lautrec, pintor impresionista francés cuyos lienzos cobraron un valor fabuloso tras su desaparición; fue el decorador artístico del famoso Moulin Rouge parisino y vivió una apasionada historia de amor llena de altibajos y turbulencias con una prostituta de Montmartre.

Enrico Caruso, famoso tenor italiano.

Enrique Granados, pianista y compositor español, que encontró la muerte en el naufragio del vapor *Sussex*, torpedeado por los alemanes en la Primera Guerra Mundial.

Enrique Jardiel Poncela, comediógrafo español.

93

ERNESTO – 96 –
ERNESTINA – 105 –

Onomástica:
7 de noviembre.

Es un nombre que procede del germánico *ermust*, tenaz, voluntarioso, luchador.

Pese a estas supuestas virtudes (supuestas en el caso de los llamados Ernesto), es un nombre de características en general negativas. Se aconseja la unión conyugal y la asociación profesional con sujetos cuyo nombre pueda paliar o contrarrestar las malas influencias de los que llevan Ernesto por apelativo. Por lo general sienten una extraordinaria admiración por sí mismos, son exageradamente empiristas y maniqueos, intransigentes y beligerantes, lo que hace que la convivencia a su lado resulte difícil y tormentosa.

Desordenados, poco amantes de la vida hogareña, tienen, no obstante, buenos sentimientos, pero lo «disimulan» con el absurdo empeño de mostrarse desagradables.

Sensibles al halago, el panegírico y la loanza, se saca más partido de ellos tratando de convencerles y argumentarles con razones que a través de imposiciones o amenazas.

Impetuosos, impulsivos, vehementes, fogosos y temperamentales, se ha de estar dispuesto a recibir de ellos un choque violento cuando se ven contrariados; su cólera es temible aunque pasajera.

Personajes famosos:
Ernest Hemingway, premio Nobel de literatura.

Ernesto «Ché» Guevara, doctor en medicina, revolucionario, idealista, que tuvo destacada participación en el triunfo de la revolución castrista cubana.

Ernesto Cardenal, sacerdote, escritor y político nicaragüense.

Ernesto Lecuona, compositor cubano.

EUGENIO – 76 –
EUGENIA – 62 –

Onomástica:
4 y 24 de enero, 20 de marzo, 13, 18 y 23 de julio, 6 y 25 de setiembre, 15 de noviembre, 13 de diciembre (Eugenio, mártir);

26 de marzo (Eugenia, mártir);

4 de marzo (Eugenio, obispo);

2 de junio (Eugenio I, papa);

16 de setiembre (Eugenia, abadesa);

17 de noviembre (Eugenio, diácono);

20 de diciembre (Eugenio, presbítero);

25 de diciembre (Eugenia, virgen y mártir).

Nombre de raíz griega, *eugeneos*, que puede traducirse por: «bien nacido», «de noble origen».

Son afectuosos, alegres, expansivos, extrovertidos y comunicativos.

También un tanto egoístas y defensores a ultranza de lo que consideran su intimidad y paz espiritual; defienden con uñas y dientes el silencio de sus meditaciones o el espacio que dedican a recapacitar. Tienen buenos sentimientos, siempre y cuando éstos no atenten contra su libertad, derecho a manifestarse e, incluso, a su egoísmo.

Personajes famosos:
Eugenio Sue, novelista francés.

Eugenio María de Hosto, defensor de la independencia de Puerto Rico.

Eugenio Ionesco, dramaturgo francés.

Eugenio D'Ors, ensayista en catalán y castellano.

Eugenia de Montijo, emperatriz de Francia, esposa de Napoleón III.

Eugenio, célebre humorista catalán.

Onomástica:

5 de marzo, 24 y 28 de abril, 25 de agosto, 8 y 21 de setiembre, 4 y 22 de octubre (Eusebio, mártir);

21 de junio, 1 y 12 de agosto (Eusebio, obispo);

2 de agosto (Eusebio de Vercelli, obispo).

26 de setiembre (Eusebio, papa);

5 de noviembre (Eusebio, monje);

2 de diciembre (Eusebio, presbítero);

Nombre de raíces griegas que derivan de *eusebeia*, que puede traducirse por «conmiserativo», «piadoso».

Poco perseverantes en sus esfuerzos, pero con gran facilidad para tomar decisiones que casi siempre pecarán de ligeras. Un tanto pagados de sí mismos, giran en torno a la propia vanidad y creen siempre estar en poder de la verdad y la razón cuando intervienen en discusiones, polémicas o controversias, siendo muy difícil convencerles de que están equivocados.

Se inclinan hacia la sátira y el causticismo. Su aparente ligereza no pasa de ser una táctica con la que a veces consiguen lo que pretenden simular, ocultando la verdad de sus sentimientos o, por el contrario, haciendo gala de una franqueza y extrovertimiento que están muy lejos de sentir o poseer.

Personajes famosos:

Eusebio Güell, conde Güell, aristócrata y prócer catalán.

Eusebio Poncela, actor de cine, teatro y televisión.

Eusebio Bertrand y Serra, industrial catalán y amante de las artes.

EUSTAQUIO – 119 –
EUSTAQUIA – 105 –

Onomástica:
20 de setiembre.
28 de setiembre (Eustaquia, virgen)
Procede del griego eustachis, «abundante».

No existe la mediocridad ni la bajeza en los que llevan este nombre, antes al contrario, exhiben un carácter fiero y recto. Nada les detiene en el deber ni dudan nunca en lo que acometen. Y si ello ha de redundar en beneficio de la humanidad, no les arredran los más duros sacrificios.

Personajes famosos:
Eustaquio Bruix, almirante francés.
Eustache Le Sueur, pintor.

EVA – 28 –

Onomástica:
11 de febrero y 30 de agosto (Eva, mártir);
25 de junio (Eva, monja);
6 de setiembre (Eva, virgen);
19 de diciembre (Eva, madre de todos los hombres).

Nombre propio hebreo de raíz antiquísima, *hyya*, dar vida. Su significado es: vida, otorgar vida, vivir-vivirla.

Nombre de la primera mujer que apareció en la faz de la Tierra según el dogma cristiano reseñado en el Génesis, libro inicial de los cinco que componen el Pentateuco bíblico. Y también, primera pecadora de la historia al desobedecer los mandatos divinos cediendo a las tentaciones de Satanás quien se le apareció en el paraíso terrenal incitándola a la cópula con Adán, de quien el Sumo Hacedor la había hecho compañera.

No todas las «Evas» van por el mundo ofreciendo manzanas, pero sí hemos de reconocer que sus encantos físicos son tan pródigos como voluptuosos y que fían mucho en ellos a la hora de conseguir lo que se proponen.

Pese a todo, son de talante cordial y afectuoso, no tienen doblez ni mala fe, y si a veces se equivocan es precisamente a causa de confiar todos sus éxitos al aporte físico que hacen para intentar conseguirlos.

Les encanta la parafernalia social y viven demasiado de «cara a la galería», atendiendo a todas las fórmulas y convencionalismos establecidos.

Personajes famosos:

Eva Duarte, *starlett*, cantante y animadora de *night-club*, mujer de nobles y extraordinarios sentimientos que llegó a ser primera dama de Argentina al casarse con Juan Domingo Perón.

Eva Bartok, actriz húngara.

FABIÁN – 33 –

Onomástica:
20 de enero.

Del latín, «haba» o del etrusco, «venerable».

Aunque son bastante raros los que llevan este nombre, son gente modesta si bien no carecen de distinción, amables aunque algo reservados. No les gusta meterse en «líos», y le tienen horror a la notoriedad y a lo artificial.

Personajes famosos:
Fabián Estapé, economista catalán.
Fabián Ortiz, periodista argentino.

FEDERICO – 65 –

Onomástica:
19 de febrero (Federico, abad);
18 de julio y 4 de setiembre (Federico, obispo);
4 de setiembre (Federico, monje).

Nombre de origen germánico procedente de *Fridu-reiks*, que se traduce por «príncipe de la paz».

Son hábiles y maliciosos si el segundo nombre no contrarresta las cualidades negativas del primero.

Inquietos, astutos, movedizos y sin exceso de escrúpulos, suelen tener éxito en la vida por lo que al dinero se refiere, pero fracasan en el área sentimental, so pena de que no luchen lo indecible para atenuar sus defectos.

Sensuales y materialistas, viven a ras de tierra. Y pese a que por lo general alcazan el cenit de la riqueza y el poder material, no son felices porque no saben gozar de la vida.

Por una de esas muchas ironías del destino, casi todos están «condenados» a amasar fortunas para que, después, sus herederos las dilapiden, entregándose frenéticamente a la *dolce vita*.

Si el segundo nombre, el de su cónyuge y asociado comercial, en vez de paliar, exacerba la influencia negativa del propio, corren peligro de verse envueltos en procesos escandalosos que acabarán arruinando su prestigio social y moral en todos los órdenes y niveles.

Personajes famosos:

Federico Chopin, pianista y compositor polaco.

Federico Nietzsche, filósofo alemán.

Federico Engels, filósofo, economista y político alemán

Federico Soler, escritor y poeta catalán que se ocultaba tras el pseudónimo de Serafí Pitarra.

Federico García Lorca, escritor, poeta y dramaturgo granadino, autor de obras tan significadas como *Bodas de Sangre* y *Yerma*.

Federico Chueca, compositor español.

Federico Mompou, compositor catalán.

Federica Montseny, anarcosindicalista madrileña que llegó a formar parte del ejecutivo de la Segunda República española.

Onomástica:
5 de febrero (Felipe de Jesús);
26 de febrero (Felipa, monja);
11 de abril (Felipe, obispo);
11 de mayo (Felipe, apóstol y mártir);
12 de mayo (Felipe Argirio);
26 de mayo (Felipe Neri, fundador);
6 de junio (Felipe, diácono);
15 de julio, 17 de agosto, 2 y 13 de setiembre, 22 de octubre (Felipe, mártir).

Nombre propio griego derivado de *philos*, amante, e *ippeios*, caballo. El significado es, por tanto, «aficionado o amante de los caballos».

Se caracterizan por el egoísmo que les domina desde temprana edad, por su ambición y ansias de poder, hecho éste del que no siempre hacen buen uso cuando lo consiguen. En su fanático deseo de vivir el presente y de vivirlo en presente de indicativo, de la mejor manera y al precio que sea, su imprevisión les prepara un porvenir sombrío, viéndose muchas veces obligados a recurrir a la dádiva de la amistad para atender las más perentóreas necesidades.

Les fascina vestir bien sin preocuparse poco ni mucho de los medios que ponen en práctica para satisfacer sus deseos, no siempre ajustados a sus posibilidades. Son de inteligencia brillante, fértiles en recursos, de gran imaginación y están siempre prestos a acudir donde escuchen el tintineo de la «plata»; pero ésta ha de llegar a su bolsillo sin gran esfuerzo, por un trabajo fácil o por mediación de una persona generosa, pues ellos no se molestan en intervenir en las propias ganancias reconoce límites ni fronteras. Perfectos egoístas, se consideran con derecho a todo. Se dice que son buenos porque, con tal de no molestarse, nunca hacen el mal, aunque, obviamente, tampoco se preocupan por hacer el bien.

Personajes famosos:
Felipe II, El Prudente, hijo de Carlos V, último monarca del esplendor imperialista español.
Felipe V, primer rey de España de la Casa de Borbón.
Felipe Campuzano, pianista y compositor hispano.
Felip Pedrell, compositor catalán.
Felipe González Márquez, político socialista español.

FÉLIX – 56 –

Onomástica:
Dado el hecho de que en el Santoral aparecen 65 fechas en las que se celebra esta onomástica, elegimos como referencia para los lectores, las que nos parecen más significativas.
7 y 9 de enero, 3, 11, 21, 23 y 26 de febrero, 3, 8, 16, 23, 26 y 31 de marzo, 16 y 21 de abril, 10 y 16 de mayo, 2, 10 y 12 de julio, 1, 22 y 30 de agosto, 1, 10, 11 y 19 de setiembre, 5 y 29 de diciembre (Félix, mártir);
1 de marzo (Félix III, papa);
18 de marzo (Félix, diácono);
23 de abril (Félix, presbítero);
2 de mayo (Félix, diácono y mártir);
18 de mayo (Félix Cantalicio);
30 de mayo (Félix I, papa);
29 de julio (Félix, papa y mártir);
1 de agosto (Félix el Africano);
22 de setiembre (Félix IV, papa);
5 de noviembre (Félix, presbítero y mártir);
20 de noviembre (Félix de Valois).

Es nombre romano-cristiano que procede del latín *félix*, que significa feliz y/o fértil.

Laboriosos, económicos, inteligentes, miméticos y ordenados, reúnen las condiciones necesarias para ver triunfar la ambición que abrigan desde su más tierna infancia por sobresalir en la sociedad. Son hábiles, pero no seductores y aduladores, para granjearse el favor de aquellos que pueden ayudarles en sus logros y para adaptarse a los gustos e ideas de las personas a quienes les conviene agradar en pro de su interés y beneficio. Se dominan bien y es en ellos muy intensa la vida mental.

Personajes famosos:

Félix Samaniego, fabulista español.

Félix Lope de Vega y Carpio, escritor y dramaturgo español, artífice de obras tan significadas como *Fuenteovejuna*, *La Andrómeda*, *El mejor alcalde el rey* y *Peribáñez y el comendador de Ocaña*; perteneció al llamado Siglo de Oro español.

Félix Rodriguez de la Fuente, médico y naturalista burgalés fallecido en trágico accidente de aviación, que alcanzó la máxima cota de su popularidad gracias a los programas de TV dedicados al estudio del hábitat, desarrollo y desenvolvimiento de la fauna hispánica.

Félix Medelssohn, compositor alemán.

Félix Rubén García Sarmiento, poeta nicaragüense que se ocultaba tras el pseudónimo de Rubén Darío.

FERMÍN – 65 –

Onomástica:

7 de julio (Fermín de Pamplona, mártir);

25 de setiembre.

Proviene del latín *firmus*, «sólido, estable».

Son gente bien equilibrada, sólidamente aferrados a sus convicciones, muy apegados a sus puntos de vista y a seguir una línea de conducta trazada, sin grandes cambios de voluntad, pero con la calma enérgica del que se sabe en el buen camino.

Cuando aman no lo hacen a la ligera ni sin razón. Si se viesen afectados por una tendencia romántica, sabrían dominarla para permanecer fieles, leales, estables, como indica su nombre.

Personajes famosos:
Fermín Didot, impresor francés.
Fermín Vargas, editor español.
Fermín Cacho, atleta español.

FERNANDO – 77 –
FERNANDA – 63 –

Onomástica:
30 de mayo (Fernando III, rey de Castilla y de León);
1 de junio (Fernando de Ayala, mártir).

Nombre de origen germánico, evolución del *got frad*, inteligencia, con el sufijo *nand*, atrevido. Podría traducirse por: «audaz u osado en la paz».

Las personas que atienden por este apelativo se caracterizan por sus grandes aspiraciones, lo que hace que el mundo se les antoje pequeño para dar cabida a aquéllas; pero... Hay un pero harto enojoso o, mejor dicho, varios; y son los siguientes: Mal logrará ver realizados sus proyectos ambiciosos la gente que se desanima o «encoge» demasiado pronto delante de las adversidades de que se encuentran sembrados cuantos caminos conducen al éxito; personas de las que se podría decir que son perezosas más que activas; hombres (y mujeres) que poseen una voluntad frágil, quebradiza, voluble, veleidosa; seres poco prácticos que no saben sacar provecho ni partido de las ocasiones ni de los varapalos de la experiencia.

Todo esto no quita, obviamente, para que sean de trato agradable, mundanos y corteses, ingeniosos y de buenos sentimientos; sólo a sí mismos se dañan. Por ello son dignos de compasión antes que de censura.

Personajes famosos:

Fernando de Magallanes, navegante y descubridor portugués, al servicio de la corona de Castilla.

Fernando Álvarez de Toledo, duque de Alba.

Fernando Francisco de Ávalos, general español que venció a Francisco I de Francia en Pavía..

Fernando «el Católico», artífice de la unidad española y de la expulsión de los sarracenos de España.

Fernando de Lesseps, arquitecto francés que diseñó los planos del Canal de Suez.

Fernando Belaunde Terry, presidente del Perú.

Fernando Díaz Plaja, escritor español.

Fernando Rey, actor de cine español.

Fernando Arrabal, escritor español.

Fernando Fernán-Gómez, director y actor cinematográfico español.

Fernando Fernández Martorell, novelista y abogado español, autor de *Brillante en lo invisible*, *El mago involuntario*, etcétera.

FIDEL – 36 –

Onomástica:
24 de abril.
Del latín *fidelis*, «de quien uno se puede fiar».
Los Fidel no pueden, obviamente,. mostrarse arteros, de

105

cambiante carácter o egoístas, aunque, desgraciadamente, las buenas cualidades de lealtad, de «fidelidad», no siempre son signo evidente de éxito en la vida.

Personajes famosos:

Fidel Castro, abogado y político cubano, héroe de la revolución para derrocar al dictador Batista.

Fidel Alegre, escritor argentino, experto en artes marciales.

FLORA – 52 –

Onomástica:

29 de julio y 24 de noviembre (Flora, virgen y mártir).

Nombre cristiano procedente del latín *flora*, «dehesa de las flores».

Era la esposa de Céfiro, viento suave de poniente.

Santa Flora fue una virgen cordobesa del siglo IX, hija de padre musulmán y madre cristiana, quien la educó en su religión. Sufrió martirio en el año 851.

Las Floras son mujeres ordenadas y meticulosas hasta el mimetismo, llenas de actividad y de una generosa imaginación, aunque sin desbordar los lindes de la realidad para internarse en el campo de la fantasía. Quiere eso decir que su imaginación no les desplaza los pies de la tierra.

Son impulsivas, aunque no siempre, y la pasión las lleva en ocasiones a dejarse «engañar» por la vehemencia tomando decisiones algo precipitadas. Eso las hace también pecar de ligeras e intrascendentes.

Como dicen los modernos tratados de psiquiatría son personas ciclotímicas, o sea, que se deprimen o exaltan con facilidad, que pasan de la alegría a la abulia en menos de lo que cuesta justificarlo.

Muestran cierta inclinación innata a llevar la contraria de

manera sistemática pero son hábiles en la polémica y la controversia.

FLORENCIO – 97 –
FLORENTINO – 128 –

Onomástica:
23 de febrero (Florentino)
22 de setiembre (Florencio de Saumur)
7 de noviembre (Florencio de Estrasburgo);
Del latín *florens*, «floreciente».

Muy imaginativos, bastante románticos, a los que llevan este nombre no es preciso pedirles que se consagren a sus sueños terrenales, pero tampoco solicitarles un esfuerzo continuado y monótono. Sin embargo, no son capaces de negarse a un favor y tampoco serían capaces de la más pequeña maldad ni menos abrigar sentimientos de rencor.

Personajes famosos:
Florencio Molina Campos, pintor argentino.
Florencio Varela, periodista y poeta argentino.
Florencio Sánchez, autor teatral uruguayo.
Florencio Parravicini, actor argentino.
Florencia Nightingale, dama inglesa fundadora de la escuela moderna de enfermeras.

FORTUNATO – 130 –
FORTUNATA – 116 –

Onomástica:
23 de abril;
20 de octubre;
6 de diciembre.

Procede del latín *fortunatos*, que significa «el que prospera».

A pesar de su nombre, es recomendable que los que lo lleven no se duerman en una beatífica confianza, siendo mejor que cuenten con su trabajo y su perseverancia para que les ayude a reemplazar lo que la «buena fortuna» puede negarles. Esto debe resignarles tanto más cuanto no son excesivamente ambiciosos ni se sienten exaltados contando con un destino feérico.

Personajes famosos:

Fortunato Lacamera, pintor argentino.

FRANCISCO – 88 –
FRANCISCA – 74 –

Onomástica:

2 de enero (Francisco Capillas, mártir);

22 de enero (Francisco Gil de Frederich, mártir);

29 de enero (Francisco de Sales, obispo y doctor);

31 de enero (Francisco Javier María Bianchi);

5 de febrero (Francisco Blanco, mártir) y (Francisco Fahelente, mártir);

9 de marzo (Francisca, viuda);

2 de abril (Francisco de Paula, fundador);

11 de mayo (Francisco Jerónimo);

4 de junio (Francisco Caracciolo);

14 de julio (Francisco Solano);

10 de setiembre (Francisco Morales, mártir);

4 de octubre (Francisco de Asís);

10 de octubre (Francisco de Borja);

3 de diciembre (Francisco Javier);

22 de diciembre (Francisca Javiera Cabrini, virgen y fundadora).

Nombre de origen italiano que hace referencia al: francés.

Las personas a quienes se las denomina con este nombre se distinguen desde temprana edad por su elevado índice intelectual, su sensibilidad extrema y su espíritu excelso y cultivado. En la mayoría de ellos la voluntad tiende a dominar; no es una constante en su vida ni se produce como tal, pero sí actúa decidida y resueltamente, hasta el extremo que cuando se produce una determinación es muy difícil que se apeen de ella.

Son gente de una originalidad fuera de lo común a lo que contribuye notoria y notablemente su ubérrima imaginación y su extraordinaria memoria que desarrollan un espléndido mundo de vivencias fantásticas en el que ellos se sienten inmensamente felices.

Desarrollan a lo largo de su existencia una gran actividad mental y su faceta creadora estalla esplendorosamente tanto en la vertiente literaria como en la artística. Son tan sentimentales y sinceros que se alejan con demasiada facilidad del materialismo por lo que siempre están dispuestos a prestar cualquier servicio a la persona que necesite de ellos. Todo esto hace que se obtenga la impresión de que, quienes Francisco/a se llaman, se encuentren un tanto alejados del mundo en el que les ha tocado vivir.

Personajes famosos:

Francisco Pizarro, conquistador español.

Francis Drake, corsario inglés.

Francisco de Quevedo y Villegas, escritor español que cuenta en su trayectoria literaria con obras tan significadas como *El Buscón* y *Política de Dios, gobierno de Cristo.*

Francisco de Aguado, jesuita, ministro de Felipe IV.

Francisco de Paula Alcántara, general venezolano.

Francisco Arjona, «Curro Cúchares», torero español.

Francisco de Goya, pintor y grabador español de cuyo

famoso repertorio artístico destacan lienzos tan importantes como *La maja desnuda* y *Los fusilamientos en la montaña del Príncipe Pío*.

Franz Liszt, compositor húngaro, de quien se recuerdan sus *Preludios* y el *Réquiem*.

Francesco Petrarca, filósofo y escritor italiano.

Francisco Jiménez de Cisneros, prelado y político español.

Francisco Javier Castaños, duque de Bailén, general español héroe de la independencia.

Françoise Mauriac, escritor y filósofo francés.

Francis Bacon, filósofo y canciller de Inglaterra.

Francisco Franco Bahamonde, jefe del Estado español druante cuatro décadas tras alzarse en armas contra la segunda República.

Francisco Macià, político y militar catalán, fundador de L'Esquerra Republicana de Catalunya y presidente de la Generalitat de aquella comunidad autónoma en tiempos de la Segunda República.

François Mitterrand, actual presidente de la república de Francia.

Francisco Cambó, político catalán y fundador de la Lliga Catalana, que en tiempos de Alfonso XIII obtuvo un escaño en el Parlamento.

Francisco Ayala, escritor español.

Francisco Camprodón, dramaturgo español.

Francisco Trabal, novelista catalán.

Fray Francisco de Guadalupe Mojica, cuyo verdadero nombre era José Mojica, que abandonó una vida cinematográfica esplendorosa y fácil para abrazar los hábitos franciscanos.

Francisco Rodríguez Ríos, escritor y quiromántico mexicano.

FRUCTUOSO – 138 –
FRUCTUOSA – 124 –

Onomástica:

21 de enero (Fructuoso, mártir);

16 de abril (Fructuoso, obispo);

23 de agosto (Fructuosa, mártir).

Se trata de individuos de buena conducta moral y espiritual, algo tímidos, demasiado nobles, que no le exigen a la vida todo lo que ella puede y debe darles en función de su timidez, por una parte, y en razón de que, por otra, están convencidos de no ser merecedores del éxito o el triunfo.

Son generosos, confiados y enemigos del materialismo.

Personajes famosos:

Fructuoso Gelabert, director de cine catalán y fundador de la industria cinematográfica española.

GABRIEL – 54 –
GABRIELA – 55 –

Onomástica:
24 de marzo.
Proviene del hebreo y significa «fuerza de Dios».
Los Gabriel son imaginativos, poseen una finura innata, son espirituales, de carácter amable y de maneras agradables. Siendo, no obstante, un poco caprichosos pasan fácilmente de una melancolía injustificada a una alegría desproporcionada, a menudo sin causa aparente. Tal vez estos cambios de humor sean debidos a una sensibilidad muy viva sobre la cual los menores contratiempos adquieren para ellos una resonancia insospechada.

En conjunto, los Gabriel gozan de la vida y son simpáticos, si bien no están hechos para las grandes empresas ni para luchas encarnizadas.

Personajes famosos:
Gabriel D'Annunzio, poeta italiano.
Gabriel Celaya, poeta español.
Gabriel Fauré, compositor francés.
Gabriela Mistral, poetisa chilena.
Gabriel Alomar, poeta y político español.
Gabriel García Márquez, escritor colombiano, autor, entre otras obras de gran éxito, de *Cien años de soledad.*

112

Onomástica:

6 de enero (Gaspar, rey de Oriente);
23 de junio (Gaspar de Búfalo);
14 de julio (Gaspar de Bono);
13 de setiembre (Gaspar Voz, mártir).

Nombre propio griego que deriva de las raíces *ga-ges*, tierra, nación, país y padre, que se traduce por: «el que procede de», «el que viene de alguna parte». Significa «el mensajero del mundo» (en sentido poético), o «el que viene de la tierra de la nación».

Aquellos que tienen la suerte de llamarse así gozan de una salud envidiable que les permite llegar a la más extrema ancianidad disfrutando de todas sus facultades físicas y mentales. Dominan sus nervios de una manera admirable y se distinguen por controlar acertadamente sus pasiones.

No suelen ser tolerantes con las faltas ajenas, pero son mucho más severos con las propias. Tal vez carezcan de un fondo de dulzura y tolerancia, pero tienen buenos sentimientos y puede abrigarse la seguridad de que nunca se burlarán del infortunio ni permanecerán indiferentes ante la desgracia ajena.

No suelen ser muy tiernos de corazón en el sentido de que antes de compadecerse de la mala suerte de una persona examinan su conducta y si encuentran en ella la causa de la desgracia de que se lamenta, se inclinan más bien a censurarle por ella y a exhortarle a cambiarla, en vez de apiadarse con buenas palabras, casi siempre inútiles, pero que consuelan a quien las recibe y hace que se forme una buena imagen de aquel que las pronuncia.

Personajes famosos:

Gaspar de Espinosa, conquistador español.
Gaspar de Portolá, expedicionario y marino ilerdense,

descubridor de la Baja California y primer gobernador de la misma en el año 1767.

Gaspar Gómez de la Serna, ensayista español, hermano de Ramón.

Gaspar David Friedrich, pintor romántico germánico.

GASTÓN – 76 –

Onomástica:
24 de abril.

Proviene del germánico y significa «jefe de tribu» o «invasor».

Los Gastón no buscan hacer gala de sus conocimientos y de sus medios, no pudiéndolos alinear en las inteligencias apenas medianas, lo que sería una injusticia. Voluntariosos, no toman aires de «perdonavidas», pero, en su flexibilidad, son capaces de una unión sincera, que no alterarán por cualquier capricho, aunque, si sufren una decepción, se recogen en sí mismos o se alejan sin más.

Personajes famosos:
Gastón de Foix, mariscal de Francia.

Gastón Bachelard, psicólogo y filósofo francés.

GENOVEVA – 91 –

Onomástica:
3 de enero.

Nombre de origen incierto. El criterio más razonable inclina a aceptar como cierto el sentido global que, traducido, equivale a «de buena familia», «de buena raza» o «de buena estirpe».

Las mujeres que ostentan este nombre son impacientes,

114

un poco puntillosas, arrebatadas, inquietas, desiguales de genio, un tanto ligeras y tienden a ser dominantes.

Su voluntad es voluble.

En general acostumbran a ser celosas por pocos motivos que se le den para ello.

De fina sensibilidad, poseen mucho amor propio y se consideran ofendidas por el detalle más insignificante, aunque, como no son rencorosas, olvidan pronto los agravios —supuestos o reales— y se muestran dispuestas a perdonarlos. Son mucho más sentimentales de lo que parecen a primera vista.

Activas y decididas, lo serían aún más si no fuesen tan indecisas en las cuestiones personales e irresolutas en las profesionales.

Personajes famosos:

Geneviève Bujold, actriz británica que alcanzó la fama interpretando al lado de Richard Burton, *Ana de los mil días* (Ana Bolena).

Geneviève Page, actriz cinematográfica norteamericana.

GERARDO – 68 –

Onomástica:

16 de octubre.

Proviene del antiguo alemán *ger*, que significa «lanza de guerra», «poderoso».

Los Gerardo son imaginativos, idealistas, por lo que a menudo adolecen de un espíritu práctico. Su voluntad es generosa, enérgica, pero en ocasiones y según las circunstancias, esta voluntad no les ayuda a obtener resultados sólidos.

Su carácter, un poco caprichoso, es, sin embargo, seductor, pues son corteses, caballerescos incluso y al mismo tiempo llenos de entusiasmo, nunca les faltan ideas originales y bellas. Aman con pasión y saben cómo expresarlo, aunque guardando una reserva de buen tono y una distinción que no abandonan jamás.

Personajes famosos:

Gerardo Diego, poeta español.

Gerardo Iglesias, político español.

GERMÁN – 58 –
GERMANA – 59 –

Onomástica:

15 de enero (Germana Coisin);

28 de mayo (Germán de París);

15 de junio (Germana, pastora);

31 de julio (Germán de Auxerre);

23 de octubre (Germán, mártir).

Procede del alemán, «hombre de guerra».

Los Germán están menos dotados que sus homónimas femeninas. Sin embargo, su nombre de «guerra» les da una energía combativa, resistencia a la fatiga y a los fracasos, y aman el riesgo y la lucha. Suelen salir victoriosos de todos los retos que les proponen.

Personajes famosos:

Germán de Argumosa, parapsicólogo español.

Germán Sánchez Rupérez, editor español.

GERTRUDIS – 121 –

Onomástica:

17 de marzo.

Del germánico «virgen guerrera».

Este nombre, un poco grave y al mismo tiempo oscuro, con falta de precisión, retrata a quienes lo llevan, aunque sin ser ellas desagradables del todo, más bien cargadas de buenas intenciones, a pesar de su combativo nombre, difícilmente pasan a a la acción.

Personajes famosos:
Gertrudis Stein, escritora norteamericana.

GERVASIO – 96 –

Onomástica:
19 de junio.
Del griego, «respnsable».

Este nombre confiere buenas cualidades a su portador, siendo útiles para el resto de los mortales y simpáticos. Sanos de cuerpo y espíritu, son amantes del orden y la justicia. Aplicados en el trabajo, son atentos hasta la benevolencia, con una gran facilidad de adaptación.

Personajes famosos:
Gervasio Gallardo, pintor español.

GIL – 28 –

Onomástica:
16 de mayo (Gil de Portugal);
1 de setiembre.
Del alemán *ghil*, que significa «amigo», o del griego *Aegi dius*, «protector».

Los Gil son buenos amigos de sus semejantes; compañeros fieles y devotos.

Un poco melancólicos, están sujetos a cambios de humor, aunque prevalece su simpatía, de tal modo que sus aparentes caprichos son perdonables, gracias a su buen corazón.

Personajes famosos:

Gil de Siloé, escultor gótico de origen flamenco, autor de obras en la Cartuja de Miraflores (Burgos)

GILBERTO – 88 –

Onomástica:

4 de febrero;

6 de junio (Gilberto, monje).

Del alemán *ghil*, «amigo» y *berth*, «brillante»

Los Gilberto gozan de una inteligencia netamente superior, pero algo especulativa y de la que no saben extraer todo el provecho que podría darles en la vida. Su voluntad, sin flojedad, no es, sin embargo, bastante fuerte. Los Gilberto se dejan influenciar casi sin darsze cuenta de ello. Son francos, leales, casi demasiado, pues la hipocresía y la astucia les son extrañas de tal modo que no sospechan puedan tener cabida en los demás.

Personajes famosos:

Gilberto Valle, poeta chileno.

Gilberto Owen, poeta y novelista mexicano.

GODOFREDO – 89 –

Onomástica:

13 de enero;

9 de setiembre (Godofredo de Savigni).

Del alemán *Gott*, «Dios» y *fried*, «la paz de Dios»

Los Godofredo son, a la vez calmosos, perseverantes, animosos, capaces de cualquier esfuerzo y de cualquier re-

118

nuncia. Con tales cualidades, no puede por menos que conseguirse el éxito, incluso sin una inteligencia particularmente brillante. Los Godofredo se hacen estimar y, sobre todo, guardan y retienen la amistad o el amor de quienes les conocen bien, sin que tengan que emplear medios de seducción que no se corresponden con su carácter.

Personajes famosos:
Godofredo de Bouillon (jefe de la primera Cruzada).

GREGORIO – 94 –
GREGORIA – 80 –

Onomástica:
1 de enero (Gregorio Nacianzeno, obispo y doctor);
4 de enero, 24 de abril, 25 de agosto, 17 y 23 de noviembre (Gregorio, obispo);
10 de enero (Gregorio X, papa);
13 de febrero (Gregorio II, papa);
9 de marzo (Gregorio Niseno, obispo);
12 de marzo (Gregorio Magno, papa);
17 de noviembre (Gregorio Taumaturgo);
20 de noviembre (Gregorio Decapolita);
10 de diciembre (Gregorio III, papa);
24 de diciembre (Gregorio, presbítero y mártir).
Nombre de raíz griega, *gregorion*, vigilante.
Los que llevan este nombre son fríos, calculadores, tiránicos y escépticos.

A medida que ponen años sobre sus espaldas estos defectos se acentúan y la consideración y estima en que se les haya podido tener, mengua hasta desparecer.

Siempre tienen en la boca una sonrisa cáustica y se producen con un aire de superioridad cargante que les acarrea más de un disgusto y no pocas enemistades. Para ellos, quizá por aquello de que «piensa el ladrón...», no existe un amigo leal, una mujer pura, un político honrado, un negro bueno, un ideal noble, y así sucesivamente.

Juzgando los sentimientos ajenos por los propios siempre están en guardia, sobre aviso, temiendo una asechanza, una trampa, una mala jugada, que nadie piensa realizar contra ellos. Se suponen envidiados porque se creen dignos de inspirar la envidia ajena. No llegan jamás a confiar ni a confiarse plenamente. Aman el dinero, los honores por vanos que sean, y se desenvuelven en el ambiente que suponen más propicio para el logro de sus ambiciones.

Su cordialidad es falsa y sólo consigue «colar» en los primeros momentos, cuando todavía no se les conoce bien. Son algo tortuosos, desiguales, misteriosos y enigmáticos. Llegan a viejos amargados por los desengaños y creyéndose víctimas de la maldad de los demás, cuando en realidad sus desgracias son fruto del propio carácter.

Detestan todo aquello que no contribuya a su encumbramiento y miden las cosas y aprecian a la gente de acuerdo con la utilidad que puedan reportarles. Oportunistas y acomodaticios, no cejan en su empeño cuando se proponen obtener algo que les favorezca.

Personajes famosos:

Gregori Rasputin, aventurero ruso; monje errante que se introdujo en la corte imperial gracias a su fama de curandero, aprovechando que la zarina había dado a luz un hijo hemofílico; el gran ascendiente que logró sobre la zarina y sobre la política de Nicolás II durante los años 1914/16 pareció tan nefasto para la monarquía que tres miembros de la alta sociedad lo asesinaron.

Gregorio Agripay, sacerdote y patriota filipino.

Gregorio Marañón, médico y escritor español.

Gregorio López Bravo, ministro de Asuntos Exteriores durante la dictadura franquista.

Onomástica:

1 y 14 de enero, 6 de febrero, 14 de julio, 30 de setiembre, 28 y 30 de noviembre (Guillermo, abad);

10 de febrero (Guillermo, ermitaño);

8 de abril (Guillermo, confesor);

29 de junio y 6 de julio (Guillermo, obispo);

21 de diciembre (Guillermo, monje).

Es nombre germánico: *Wilhelm* que significa, en sentido figurado, «protector voluntarioso».

Impresionables en grado sumo, se dejan llevar por el primer impulso sin margen a la sensatez ni a la reflexión.

Son personas que rinden culto a la modestia pero ello no impide que tengan un buen concepto, siempre justo, de su real valía, hecho éste que les presta cierto grado de confianza en su maniobrabilidad haciéndoles salir airosos y triunfantes de los lances y adversidades a que se ven enfrentados. Esto no significa ni mucho menos que sean osados o audaces, antes todo lo contrario. Pero si las circunstancias se les plantean difíciles, aceptan el envite y luchan denodadamente por dejar bien alto su pabellón.

Son leales y comprensivos y poseen un buen gusto para todo lo que se relaciona con el arte.

Personajes famosos:

William (Guillermo) Shakespeare, escritor y dramaturgo inglés, que cuenta en su haber con obras tan significadas como *Hamlet, Las alegres comadres de Windsor, El Mercader de Venecia, Ricardo III, Romeo y Julieta, Macbeth* y *El sueño de una noche de verano.*

Guillermo Baffin, navegante inglés.

Guillermo Barents, navegante holandés.

Guillermo Apollinaire, poeta francés.

Guillermo Tell, héroe nacional suizo.

William Faulkner, novelista norteamericano, premio Nobel de literatura.

Guillermo Federico Cody (Búfalo Bill), explorador norteamericano.

Guillermo Grimm, escritor alemán, que con su hermano Jacobo publicaron cuentos de tradiciones alemanas.

Guillermo Cabrera Infante, novelista cubano.

Willy Brandt, político socialdemócrata alemán.

GUSTAVO – 105 –

Onomástica:
19 de setiembre.
Del alemán, «aquello que prospera».

Más realistas que idealistas, los Gustavo tienen a su disposición elementos de trabajo, si no de gran clase, sí de primer orden: una inteligencia despejada, positiva, en la que no caben utopías, una memoria fiel y un juicio justo.

Aman la acción y se creen muy voluntariosos, pero, en realidad, quien sabe manejarlos los atrae a su «cubil». Otro modo de hacerlos capitular es apelando a su buen corazón, cosa a la que no pueden resistirse. No obstante, gustan de la tranquilidad y no son muy dados a salir de su concha.

Personajes famosos:
Gustavo Adolfo Bécquer, poeta romántico español.
Gustavo Doré, grabador francés.
Gustavo Flaubert, novelista francés.

Onomástica:

No hemos hallado fecha alguna ni en la bibliografía consultada ni en el santoral cristiano; obviamente se trata de un nombre que no contempla la Iglesia católica.

Héctor es, por contra, el más famoso de los héroes troyanos. De etimología incierta, puede ser que se encuentre relacionado con la raíz, *sech*, coger: «el que posee».

Son hombres inclinados hacia el otro sexo que ejerce en ellos una notable influencia.

No se muestran reacios a la hora de auxiliar a sus semejantes, pero por lo general suelen prometer más que cumplir porque, arrastrados por el deseo de complacer, no tienen en cuenta las dificultades a la hora de realizar promesas.

Tienen el verbo fácil, don de gentes y hablan con un énfasis que es en ellos innato. Están dotados de un gran sentido práctico y no son pródigos de su dinero. Se inclinan hacia las artes y sin descollar de modo eminente en ninguna, las cultivan con cierto provecho. Su destino les lleva a casarse con mujeres rubias, de ojos azules y un tanto flemáticas de temperamento, soliendo componer uniones felices.

Con los años mejoran mucho y se hacen dignos del aprecio y estima de cuantos les rodean.

Personajes famosos:

Héctor Berlioz, compositor francés.

Héctor Villalobos, compositor brasileño.

Héctor García Godoy, presidente dominicano en 1965.
Héctor Alterio, actor cinematográfico y teatral argentino.

HILARIO – 72 –

Onomástica:
14 de enero (Hilario de Poitiers);
28 de febrero (Hilario, obispo).
Del latín *hilaris*, «alegre».

A pesar de su nombre, los Hilarios no tienen nada de graciosos, al contrario, son serios, graves, austeros a veces, aunque no saben hacerse apreciar dichas cualidades, ni tampoco mostrar virtudes amables. Pero quienes no hagan demasiado caso de las apariencias, encuentran en ellos comprensión y amigos devotos.

Personajes famosos:
Hilario Ascasubi, poeta argentino.

HONORATO – 106 –
HONORATA – 94 –
HONORIO – 92 –
HONORINA – 94 –

Onomástica:
11 de enero (Honorata, virgen);
16 de enero (Honorato, abad);
8 de febrero, 16 de mayo y 28 de octubre (Honorato, obispo);
24 de abril y 30 de setiembre (Honorio, obispo);
27 de agosto, 1 de setiembre, 22 y 29 de diciembre (Honorato, mártir);
21 de noviembre y 30 de diciembre (Honorio, mártir).

124

Nombres latinos que proceden de *honoratus*, «honrado».

Los que los ostentan estos nombres son personas amantes del trabajo, aunque no les gusten las posturas y posiciones llamativas y demasiado visibles; prefieren laborar en silencio y dentro de su círculo de habitual modestia. Aman la soledad porque en ella les parece que se encuentran a sí mismos.

Son honrados y escrupulosos en el cumplimiento de su deber, en cuya definición y alcance no están muchas veces de acuerdo porque ellos prefieren hablar de su punto de vista con relación al cumplimiento de deberes y obligaciones, de acuerdo con su propia ética y su particular *modus operandi*.

Poco sensibles al halago y a la adulación, procuran escabullirse hábilmente cuando alguien trata de hacerles objeto de homenajes o tributos que ellos no creen merecer.

De verbo lento y de modales corteses, captan las simpatías de quienes logran penetrar en el santuario de su espíritu.

Personajes famosos:

Honorato de Balzac, novelista francés autor de *La Comedia humana*, quien tuvo una vida muy azarosa sobre todo en la vertiente sentimental.

Honorato Daumier, pintor francés.

Honorio, emperador de Occidente.

El papa Honorio I, a los que sucedieron otros papas con el mismo nombre, hasta el IV.

HORTENSIA – 109 –

Onomástica:
11 de enero
Procede del latín *hortus*, «jardín».

No tienen nada de banal y mucho menos de mediocres, pero parecen mostrar un cierto distanciamiento, incluso desdeñoso, lo que las hace desaprovechar ocasiones favorables cuando se les presentan, siendo ellas las primeras víctimas de su modo de ser, pues no llega a apreciárselas tanto como se merecen.

Personajes famosos:

Hortensia de Beauharnais, hija de la emperatriz Josefina, esposa de Napoleón.

HUGO – 51 –

Onomástica:

21 de enero, 1 de abril, 9 de abril (Hugo, obispo);

29 de abril, 15 de mayo, 11 de junio, 21 de octubre (Hugo, abad);

18 de setiembre, 8 de noviembre, 1 y 27 de diciembre (Hugo, monje);

17 de noviembre (Hugo Cartusiano).

Nombre germánico que deriva del celta *hugh*, que se traduce por «inteligencia», «sabiduría» o «sentido común».

Bien dotados para los negocios pero esclavos en muchas ocasiones de su temperamental vehemencia y su excesivo amor a las diversiones, comprometen con demasiada frecuencia el éxito de las empresas acometidas.

Carecen de toda disposición hacia las letras y las artes.

Son de una extraña timidez; a veces no se atreven a moverse ni a pronunciar palabra y otras, cuando más difícil parece que podría serles reaccionar y actuar decididamente, intervienen o se pronuncian por esta o aquella cuestión. Eso demuestra la fuerza e impulso de su vehemencia, que les aparta de la reflexión haciéndoles vencer su timidez. Su voluntad es débil y se dejan arrastrar con facilidad por sus inclinaciones, a veces, demasiado nefastas y nada recomendables: atención al juego, la droga, el alcohol y los excesos sexuales. Pese a esta faceta negativa convenientemente matizada, son de talante cordial, afectuosos, buenos amigos y/o compañeros, y serviciales.

Deben desconfiar de su excesivo amor propio.

Personajes famosos:

Hugo de Estrasburgo, dominico de la segunda mitad del siglo XIII.

Hugo de Pains, fundador y gran maestre de la Orden de los Templarios.

Hugo Capeto, rey de Francia.

Hugo De San Victor, filósofo y teólogo francés.

Hugo Thomas, historiador inglés contemporáneo.

Hugo del Carril, cantor de tangos argentino.

HUMBERTO – 102 –

Onomástica:

11 de enero (Humberto, mártir);

4 de marzo (Humberto de Saboya).

Del alemán, «espíritu brillante».

Listos, los Humberto prefieren llegar lentamente a sus objetivos pacientemente, si bien su voluntad, resistente pero flexible, indique lo contrario. Amables, dispuestos para todos los medios y todas las situaciones, agradan en sociedad, si bien no son objeto de grandes pasiones ni de grandes devociones.

Personajes famosos:

Humberto Vizcarra, poeta y compositor boliviano.

Humberto Salvador, escritor ecuatoriano.

Humberto Rodríguerz Tomeu, novelista cubano.

Humberto Nobile, general, aviador y explorador italiano.

IGNACIO – 58 –

Onomástica:
2 de febrero (Ignacio, monje);
3 de febrero (Ignacio, mártir);
11 de mayo (Ignacio de Laconi);
15 de julio (Ignacio de Azebedo);
31 de julio (Ignacio de Loyola, confesor y fundador);
17 de octubre (Ignacio de Antioquía);
23 de octubre (Ignacio, patriaca de Constantinopla).

Nombre de origen latino relacionado con *ignis*, fuego. Se puede traducir por «ardiente».

Tendencia manifiesta a imponer su dominio y voluntad que nace como mecanismo de defensa a su falta de energía.

Demasiado rápidos a la hora de tomar decisiones en las que, con frecuencia, interviene su orgullo.

Sinceros, a veces en extremo, dejando traslucir su fondo de amarga irritación casi siempre mal contenida.

Personajes famosos:

Ignacio Agustí, novelista catalán autor de una trilogía en la que se refleja el desenvolvimiento de la burguesía catalana desde principios de siglo hasta el Alzamiento Nacional; las obras son: *Mariona Rebull, El viudo Rius* y *Desiderio.*

Ignacio Aldecoa, novelista español.

Ignacio Agramonte, patriota cubano.

Ignacio Barraquer, famoso oftalmólogo español.

IRENE – 51 –

Onomástica:
5 de abril (Irene, virgen y mártir);
5 de mayo, 18 de setiembre y 20 de octubre (Irene, mártir).
Nombre de origen griego: *eirene*, «paz».

Es un nombre que concede ciertas cualidades apreciables: sinceridad no expansiva, generosidad en todos los órdenes, inteligencia, intuición, actividad, bondad y cierta inclinación a singularizarse.

Estas cualidades, como ya hemos apuntado en ocasiones anteriores, se acrecientan o atenúan según sea el segundo nombre.

Personajes famosos:
Irene, emperatriz de Bizancio.
Irene Joliot-Curie, física francesa, colaboradora de su madre Marie Curie.
Irene Dunne, actriz norteamericana.
Irene Papas, actriz cinematográfica griega.
Irene Gutiérrez Caba, actriz de cine, teatro y televisión, española.

IRMA – 41 –

Onomástica:
24 de diciembre.
Proviene del alemán «perteneciente a la raza germánica».

Menos distinguido que el de Irene, el nombre de Irma confiere cualidades más positivas, más prácticas, aunque, al mismo tiempo, conlleva también sentimentalismo... El corazón domina sus sentimientos, y si, por alguna circunstancia prevalece la razón, aparecen cambios de humor y de sentido de las cosas, en apariencia incomprensibles.

ISABEL – 48 –

Onomástica:
22 de febrero (Isabel de Francia);
18 de junio (Isabel, virgen);
8 de julio (Isabel, viuda, reina de Portugal);
26 de agosto (Isabel Bichier des Ages);
5 de noviembre (Isabel, madre de San Juan Bautista);
19 de noviembre (Isabel de Hungría, reina).

Nombre de origen hebreo, cuyo significado más probable es: «Baal nos da la salud».

Éste es uno de los mejores nombres femeninos que pueden encontrarse en el santoral.

Son orgullosas, pero en el mejor sentido de la palabra. Su personalidad está bien definida, por eso les cuesta a veces adaptarse a las circunstancias adversas y es difícil someterlas al dominio social o marital.

Se tienen en alto concepto, pero siempre dentro de un orden, y esto les da una confianza y fuerza moral que les vale de mucho en situaciones apuradas.

La inteligencia es más que aceptable y casi siempre está cultivada con esmero. Su bondad y cariño las hace francamente encantadoras.

Personajes famosos:
Isabel I de Inglaterra.
Isabel la Católica, reina de España.
Isabel II, reina de España.
Isabel de Farnesio, segunda esposa de Felipe IV.
Isabel Petrovna, emperatriz de Rusia, hija de Pedro el Grande.

Isabel de Baviera, reina de Francia, hija de Esteban II.

Isabel de Francia hija de Felipe IV el Hermoso, de Francia.

Isabel Allende, novelista chilena, sobrina del presidente Allende, que fue derrocado por el golpe militar del general Pinochet.

Isabel Rosellini, actriz italiana.

ISIDORO – 89 –

Onomástica:

4 de abril.

Del griego, «presente de la diosa Isis».

Éste es un nombre cuya apariencia no se corresponde con la realidad. Lo cierto es los Isidoro son verdaderos pozos de ciencia. Por lo tanto, su gusto por los estudios, servido por una inteligencia lógica y recta, conlleva a convertirles, más tarde o más pronto, en verdaderos eruditos.

Leales, honestos, listos, se apartan de todo lo que pueda significar chanchullos de cualquier género que sea.

Personajes famosos:

Isidoro de Sevilla, erudito español, autor de las *Etimologías*.

JAIME – 38 –
JACOB – 31 –
SANTIAGO – 86 –

Onomástica:

6 de enero y 13 de abril (Jaime, monje);

15 de enero (Jaime de Castro, mártir);

28 de enero (Jaime, ermitaño);

5 de febrero (Jaime Chisai, mártir);

27 de abril (Jaime Illirico);

11 de mayo (Jaime el Menor, apóstol);

1 de junio (Jaime de Strepa);

23 de junio (Jacob, patriarca);

25 de julio (Santiago apóstol, patrón de España);

11 de octubre (Jaime de Ulm);

27 de noviembre (Jaime el interciso);

28 de noviembre (Jaime de Marchia).

Forma greco-latina del nombre hebreo *Jacob*; significa: «Dios nos recompensará».

Es un nombre excelente. Los que lo ostentan son amables y serviciales, de carácter alegre aunque un tanto superficial. Son buenos amigos y jefes benévolos. Tal vez carezcan un tanto de energía, pero les sobran atractivos para hacerse querer.

Saben siempre lo que les conviene y ponen en práctica, para obtenerlo, las mejores artes —si no las más fáciles, sí las más seguras—, pues nunca obran con precipitación. Leales y fieles a la palabra empeñada, puede contarse con ellos cuando han prometido su concurso o apoyo.

Son sinceros y comunicativos y se dejan arrastrar por el entusiasmo.

Personajes famosos:

Jaime I «El Conquistador», rey de Aragón y Cataluña.

Jaime II, rey de Aragón, fundador de la Universidad de Lérida..

Jacobo I Estuardo, rey de Escocia, hasta Jacobo VII, todos reyes de Escocia, el último de los cuales fue destronado por Guillermo de Nassau. Su hijo, Jacobo Estuardo, llamado El Predilecto, nunca pudo recobrar el trono.

Jacobo Jordaens, pintor flamenco.

Jaime Fenimore Cooper, escritor norteamericano que escribió la famosa obra *El último mohicano.*

James Cook, célebre navegante inglés.

Jaime Balmes, filósofo catalán, autor de *El criterio.*

Jaime de Mora y Aragón, hermano de la reina Fabiola de Bélgica.

Jaime de Armiñán, director de cine español.

JAVIER – 65 –

Onomástica:

19 de diciembre.

Procede del árabe y significa «brillante».

En efecto, los Javier son brillantes como su nombre indica. Sea cual sea la esfera en la que se desenvuelvan, sobresalen por encima de la medianía, y se sitúan, ya de entrada, en la élite. Aunque bien dotados intelectualmente, muestran siempre un gran afán por saber, por conocer. Si su vida debe hacer de ellos hombres de acción, saben, sin descuidar, no obstante, su cultura, mostrarse decididos, voluntariosos y resolutivos.

No hay en ellos nada de aspereza, de autoritario ni de desagradable. Saben en todo momento encontrar la palabra justa que pueda hacer de cada uno de sus colaboradores un amigo fiel.

Muy emotivos y afectuosos, cuidan, no obstante, su dignidad para no dejarse dominar y arrastrar por la pasión.

Personajes famosos:

Xavier de Montépin, novelista francés.

Javier de Ravignan, padre predicador.

Javier Clemente, entrenador de fútbol español.

Xavier Azkargorta, entrenador de fútbol español, que últimamente entrena a la selección de Bolivia.

JERÓNIMO – 99 –

Onomástica:

30 de setiembre.

Procede del griego y significa «nombre sagrado».

Ciertamente bien dotados, los Jerónimo utilizan a menudo sus facultades de una manera un poco fantasiosa, de modo que en su vida no alcanzan las metas proporcionadas a sus posibilidades, las cuales sobresalen en mucho a la medianía.

Personajes famosos:

Jerónimo Bermúdez, dominico y poeta español.

Jerónimo Bosch, «El Bosco», pintor holandés.

Jerónimo Jiménez de Urrea, poeta e historiador español.

Jerónimo Savonarola, reformador italiano.

Onomástica:

1 de enero (Santo nombre de Jesús).

Iesus es forma latina del griego *Iesous*, que a su vez deriva del hebreo *Yeshoua*, compuesto por el elemento divino apocopado y por la raíz verbal que significa «salvación», «liberación».

El corazón domina sobre la cabeza.

De gustos delicados y tiernos sentimientos, es fácil ofenderlos, pero no se enojan ni guardan rencor por ello. Dulces y constantes, desarrollan sus empresas con energía mansa y suave, que no se fatiga ni cede nunca. Cuando se proponen llegar a un fín, lo alcanzan antes o después.

Son personajes simpáticos, tímidos y pudorosos, que causan la impresión de vivir en un mundo que no es el adecuado para ellos; podría decirse que han nacido tarde, porque sus valores espirituales, hoy por desgracia, no se cotizan en la bolsa del mundo al alza si no a la baja.

A veces dan prueba de un candor casi rayando en lo infantil y diríase que poseen la inocencia de un niño. Una frase burlona los aturulla, una ironía los apesadumbra y un desdén los acongoja. Una palabra cariñosa es para ellos el más preciado de los obsequios.

Personajes famosos:

Nuestro Señor Jesucristo.

Jesús Guridi, compositor vasco.

Jesús Jiménez Zamora, político costarricense.

Jesús Rodriguez Lázaro, autor español de novelas de evasión, oculto tras el seudónimo de Lucky Marty.

Jesús López Cobos, director de orquesta español.

JOAQUÍN – 87 –
JOAQUINA – 88 –

Onomástica:
20 de marzo;
21 de mayo (Joaquina de Vedruna);
16 de agosto.
Del hebreo *Jeho* y *Hakim*, «antecesor del Señor».
Según algunos onomatólogos, éste debería ser un nombre tranquilo y apacible. Lo que sí es cierto es que los Joaquín son leales y que no temen a nada ni a nadie.
Personajes famosos:
Joaquín Murat, mariscal de Francia y rey de Nápoles.
Joaquín Abarca, obispo de León, jefe del partido Carlista.
Joaquín Abatí y Díaz, dramaturgo español.
Joaquín de Agüero, patriota cubano.
Joaquín Costa, jurista e historiador español.
Joaquín Álvarez Quintero, comediógrafo español junto con su hermano Serafín.
Joaquín Dicenta, dramaturgo y novelista español.
Joaquín Calvo Sotelo, dramaturgo español.

JORGE – 55 –

Onomástica:
4 de abril (Jorge el Griego);
19 de abril y 2 de noviembre (Jorge, obispo);
23 de abril, 27 de julio y 20 de octubre (Jorge, mártir);
24 de agosto (Jorge, monje);
25 de octubre (Jorge, presbítero).
Del griego *Georgos* (*geo-ergon*); significa «que labora la tierra».

136

La voluntad es enérgica, tenaz, indomable, impetuosa. Son intolerantes, bruscos, duros, rígidos y, a veces, estrechos de criterio. Personalidad muy vigorosa, poco influenciable.

Su ambición no tiene límites.

Personajes famosos:

Jorge Washington, primer presidente de la República Federal de los Estados Unidos de América y redactor de la Constitución de aquel país.

Jorge Haëndel, compositor.

Jorge Dantón, revolucionario francés.

George (Jorge) Bernard Show, dramaturgo y escritor irlandés, autor de la famosa pieza *Pigmalion*.

Jorge Alessandro, político chileno.

Georges Bizet, compositor francés.

Georges Braque, pintor francxés.

George Gordon, lord Byron, poeta inglés.

Jorge Santayana, escritor norteamericano de ascendencia española.

Jorge Clemenceau, político francés.

Jorge Luis Borges, escritor argentino.

JOSÉ – 49 –
JOSEFA – 56 –

Onomástica:

4 de febrero (José de Leonisa, confesor);
15 de febrero (José, diácono);
17 de marzo (José de Arimatea);
19 de marzo (José, esposo de la Virgen);
20 de marzo (José, mártir);
23 de marzo (José Oriol, presbítero);
22 de abril (José, presbítero y mártir);

137

30 de abril (José Benito Cottolengo);
1 de mayo (José, obrero);
23 de junio (José Cafasso, confesor);
20 de julio (José el Justo);
22 de julio (José, conde);
27 de agosto (José de Calasanz);
10 de setiembre (José de San Jacinto);
18 de setiembre (José de Cupertino);
15 de noviembre (José Pignatelli, confesor).

Yosep es nombre propio hebreo. Su significado,: «multiplique (Dios)», o «añada (Dios)».

Concede este nombre aptitudes generales que arrojan su mejor fruto cuando se especializan. En general, son reservados, un poco tendentes a la melancolía, serios, graves, circunspectos, ponderados, perseverantes, y algo bruscos.

Saben ver el lado práctico de la cuestión y, por lo general, triunfan en sus empeños.

Personajes famosos: Giuseppe Verdi, compositor de ópera, el más famoso y popular de los italianos, en cuyo haber se cuentan, entre otras, *La Traviatta*, *Aida*, *Rigoletto* y *Nabucco*.

Josefina, emperatriz de Francia.

José Echegaray, escritor y humanista español.

José Canalejas, político español, ministro de Fomento y Gracia (1888-1890), ministro de Agricultura (1902) y, tras la muerte de Práxedes Mateo Sagasta, Presidente del Congreso (1905).

José Anselmo Clavé, músico español, creador de los Coros que llevan su nombre.

José Echegaray, matemático y dramaturgo español.

José de Espronceda, poeta romántico español.

José Garibaldi, patriota italiano.

José Martínez Ruiz, escritor y periodista español que se ocultaba tras el pseudónimo de Azorín.

José Luis López Aranguren, escritor y filósofo español.

José Calvo Sotelo, político español. Su asesinato en julio de 1936 desencadenó la Guerra Civil español.

José Chamberlain, político inglés.

José Clará, escultor español.

Josep Carner, escritor y poeta catalán.

José María Gironella, novelista español.

Josep Carreras, tenor español de fama mundial.

JUAN – 46 –
JUANA – 47 –

Onomástica:
6 de enero (Juan de Ribera);
27 de enero (Juan Crisóstomo);
31 de enero (Juan Bosco);
4 de febrero (Juana de Valois);
8 de febrero (Juan de Mata)
14 de febrero (Juan Bautista de la Concepción);
24 de febrero (Juan el segador);
8 de marzo (Juan de Dios)
27 de marzo (Juan Damasceno);
15 de mayo (Juan Bautista de la Salle);
16 de mayo (Juan Nepomuceno);
30 de mayo (Juana de Arco);
24 de junio (Juan Bautista);
19 de agosto (Juan Endes);
24 de noviembre (Juan de la Cruz);

Yehobanan es nombre propio hebreo compuesto por el elemento divino apocopado *Yahveh*, que equivale a «compasivo», «misericordioso», «dar gracia», que significa «Dios se ha compadecido y dado gracia».

Los que llevan este nombre se caracterizan por el entu-

139

siasmo que sienten por todo lo noble, grande y bello. A estas cualidades se ajustan sus grandes aspiraciones y su nobilísima ambición.

Tienen confianza en sí mismos, la inteligencia es loable y por lo general cultivada con esmero. Son leales, y aunque la voluntad no es muy enérgica, su personalidad, poco influenciable, es vigorosa y original. Poseen buen gusto artístico y, afeando este ramillete de cualidades, aparece una terquedad que distorsiona su carácter.

Personajes famosos:

Juan de Austria, hijo bastardo de Carlos V, que mandaba la flota española en la batalla de Lepanto.

Juan I, papa, a los que siguen Papas hasta Juan XXIII. Hubo otro papa Juan XXIII en 1410 que fue destituido en 1415 por considerársele ilegítimo.

Juan Pablo I, papa, ocuipó la silla pontificia sólo 33 días.

Juan Pablo II, obispo de Cracovia.

Juana (papesa) que ocupó en el siglo XIII el trono pontificio.

Jeanne Becu, condesa Du Barry, favorita de Luis XV.

Juan Boccaccio, escritor italiano, autor del *Decamerón*.

John Milton, escritor inglés, autor de *Paraíso Perdido*.

Juan Sebastián Bach, denominado «padre de la música».

Jean Bernadotte, mariscal de Francia, rey de Suecia.

Johannes Brahms, compositor alemán.

Juan Calvino, reformador francés, propulsor del Calvinismo.

Jean La Fontaine, escritor y filósofo francés.

Jean La Bruyère, escritor y librepensador francés.

Juana Inés de la Cruz, poetisa mexicana.

Juan Martorell, escritor catalán que bajo el pseudónimo Joanot, dio vida a *Tirant lo Blanc*

John Booth, actor americano que asesinó a Lincoln.

Jean Anouilh, dramaturgo francés.

Juan de la Cierva y Codorniu, ingeniero español inventor del autogiro.

Juan Emilio Arrieta, compositor operístico español.

Juan Belmonte García, torero español.

Juan Ramón Jiménez, poeta español.

Juan Salvat-Papasseit, poeta catalán.

John Fitzgerald Kennedy, presidente de EE.UU., que murió asesinado en Dallas.

Jean Bedel Bokassa, político centroafricano.

Juan Carlos I, rey de España.

JULIO – 67 –
JULIÁN – 67 –

Onomástica:

19 de enero, 27 de mayo, 1 de julio, 3, 5 y 20 de diciembre (Julio, mártir);

7 de enero (Julián, obispo de Toledo);

28 de enero (Julián, prelado);

31 de enero (Julio, presbítero);

12 de febrero (Julián el Hospitalario);

8 de marzo (Julián, arzobispo);

12 de abril (Julio I, papa);

19 de agosto (Julio, senador y mártir).

1 de noviembre (Julián, presbítero y mártir).

Nombre latino derivado de *Iulus*, hijo de Enees.

Los que así se llaman son imprevisores, reservados, con tendencias al estudio de lo esotérico, abstraídos, meticulosos, disciplinados, un poco bruscos en ocasiones, sólo cuando se les saca de sus casillas, y amigos de seguir sus raptos de inspiración sin admitir consejos ni atender a censuras. Prolíficos y ambiciosos, tienen tendencia a querer abarcar más de lo que pueden.

A veces, por su extremada concentración, parecen intratables, cuando realmente no son, ni mucho menos, malas personas.

Personajes famosos:

Julio César, emperador romano.

Julián Gayarre, tenor de ópera español.

Julio Verne, novelista francés autor de innumerables éxitos en una vertiente literaria que hoy denominamos ciencia-ficción.

Julián Besteiro, político socialista español.

Julio Cortázar, escritor, entre cuyas muchas obras se cuenta *Rayuela.*

Julio Caro Baroja, etnólogo, sociólogo, y escritor vascuence.

Julio Iglesias, famoso cantante ligero español.

JUSTO – 85 –
JUSTINO – 108 –
JUSTINA – 94 –

Onomástica:

13 de abril (Justino, filósofo);

29 de mayo (Justo, obispo)

6 de agosto (Justo, mártir);

7 de octubre (Justina de Padua).

Proviene del latín justus, «equitativo».

Los que llevan el nombre de Justo son algo raros, y los Justino un poco menos. Los unos y los otros son ciertamente maleables, si bien decididos a ir hasta el fondo de aquello que hayan emprendido.

En cuanto a las Justinas, un poco más numerosas que sus correspondientes masculinos, parecen hechas para situaciones modestas que no exijan una talla extraordinaria, pero requieren paciencia, amenidad, devoción y olvido de sí mismas.

Personajes famosos:

Justo de Urquiza, general y político argentino.

Justino Zavala Muniz, narrador realista uruguayo.

Justo Santa María de Oro (fray), patriota argentino.

Justo Sierra O'Reilly, jurista y escritor mexicano.

Justo Sierra Méndez, historiador y poeta romántico mexicano.

LAMBERTO – 86 –

Onomástica:
17 de setiembre.
Del alemán *land*, «tierra», y *bert*, «poderoso», lo que puede significar «gloria del país o poderoso propietario».

Un nombre reposado que corresponde a personas tranquilas, sensatas, muy devotos a su familia; tal vez un poco fríos e introvertidos, no exteriorizan demasiado sus ideas ni tampoco son muy arrebatados en sus afectos.

LAURA – 53 –
LAUREANO – 87 –

Onomástica:
1 de junio y 18 de agosto (Laura, virgen);
4 de julio (Laureano, arzobispo de Sevilla);
Nombre de origen latino derivado de *laurus*, laurel y, por extensión, «triunfo».

En la mayoría de las Lauras se advierte una falta de dulzura que hace que su carácter parezca anguloso, seco y frío. Cuando entra en juego su amor propio o están interesadas en algún capricho, cierran los oídos a la voz de la conciencia y lo sacrifican todo, paz, tranquilidad, bienestar y fortuna, a la consecución de sus fines.

Son bastante frívolas, casquivanas, ligeras, coquetas y atrevidas, comprometiéndolas más sus palabras que sus actuaciones. Diríase, al advertir su orgullo, que están por encima del resto de los mortales y que no pueden alcanzarles las sanciones de la sociedad ni las contingencias de la suerte. Su altivez desconcierta y desagrada, aun a los mejor dispuestos en su favor. Logran poseer buenos amigos que no ven de su personalidad más que los aspectos risueños y cautivadores.

En cuanto a los Laureanos, son muy pacientes, paciencia que emplean, según los casos, en hacer exitosos sus proyectos o a soportar con dignidad sus adversidades. Se hacen estimar y respetar más que engendrar antipatías hacia ellos.

Personajes famosos:
Laura de Noves, musa de Petrarca.
Laureano de Gouvion-Saint-Cyr, mariscal de Francia.
Laura del Sol, bailarina de género español.
Laura de Berry, amante de Honorato de Balzac.

LÁZARO – 73 –

Onomástica:
17 de diciembre.

Procede del hebreo *El* y *hazar*, que significa «ayudado por Dios».

Este nombre da escalofríos; no crean, sin embargo, ver un cadáver saliendo de su tumba... Pero sí es una impresión que ha de desaparecer con la costumbre. Sin embargo, todo esto no impide que los Lázaro sean hombres seguros de sí mismos, de juicio recto, bien equilibrados en sus puntos de vista y de quienes uno se puede fiar.

Personajes famosos:
Lázaro Carnot, político y revolucionario francés.
Lázaro Hoche, general francés.

Onomástica:

20 de febrero, 14 de marzo y 22 de abril (León, obispo);

1 de marzo, 18 de agosto y 10 de octubre (León, mártir);

11 de abril (León el Grande);

25 de mayo (León confesor);

12 de junio (León III, papa);

30 de junio (León, subdiácono);

3 de julio (León II, papa);

17 de julio (León IV, papa).

Del latín *leo*, león. Por extensión, «hombre audaz», «hombre valiente».

Es un excelente nombre.

Quienes lo ostentan saben dominarse perfectamente, por lo que les resulta fácil reprimir con todo rigor las manifestaciones externas de su sensibilidad que pudieran hacerles traición en un momento dado, descubriendo un estado de ánimo especialísimo.

La voluntad en ellos es resuelta y perseverante. Tienen grandes aspiraciones que se verán realizadas.

Personajes famosos:

León XIII.

León Tolstoi, novelista ruso, autor entre otras de obras tan populares como *Guerra y Paz*, y *Ana Karenina*.

León Gambetta, político francés que apoyó la revolución contra Alemania en 1870.

León Felipe Camino, poeta español.

León Foucault, físico francés.

LEOPOLDO – 94 –

Onomástica:
15 de noviembre.

Proviene del germánico y significa «el león temerario« o «el pueblo audaz».

Los Leopoldo poseen una gran inteligencia, bien ordenada, de la que saben servirse para tener éxito en la vida. Emplean una voluntad tenaz y tanto más eficiente que no se adelanta a los acontecimientos y se esconde bajo una apariencia suave.

Personajes famosos:
Leopoldo I, emperador de Alemania.

Leopoldo II, emperador de Alemania, hermano de María Antonieta, reina de Francia.

Leopoldo I, rey de los belgas.

Ledopoldo II, rey de los belgas, hijo del anterior.

Leopoldo III, hijo de Alberto I, abdicó en 1951.

Leopoldo Alas, «Clarín», ensayista y crítico español.

Leopoldo Fortunato Galtieri, general argentino, presidente de la República en 1981. Durante su mandato las tropas argentinas ocuparon las islas Malvinas, siendo derrotadas por los ingleses.

LIDIA – 35 –

Onomástica:
3 de agosto.

Del griego *Lydiana*, «nacida en Lydia».

Muy románticas, imaginativas y sentimentales. Poco modernas y fácilmente asustadizas. Muy leales, sinceras, algo ingenuas... No son combativas a menos que no se trate de defender las causas que les son particularmente queridas.

Se distinguen por un gusto exquisito y un gran sentido de la estética. Son independientes y emprendedoras.

Personajes famosos:

Lidia Bosch, actriz catalana.

LORENZO – 105 –
LORENZA – 91 –

Onomástica:

30 de abril (Lorenzo, presbítero);

22 de julio (Lorenzo de Brindis);

10 de agosto (Lorenzo, diácono);

5 de setiembre (Lorenzo, Justiniano)

28 de setiembre (Lorenzo, mártir);

8 de octubre (Lorenza, mártir);

8 de octubre y 14 de noviembre (Lorenzo, obispo);

Equivale a nacido en Laurentium, nombre derivado de *laurus*, laurel.

Son de ideas poco vulgares, llenas de seriedad y conceptos prácticos. Demuestran cierta afición por los asuntos de carácter intelectual, pero su buen gusto no es muy refinado.

Poseen don de gentes y saben ganarse la simpatía y la confianza de las personas que se desenvuelven en su entorno.

Personajes famosos:

Lorenzo Durrell, novelista inglés.

Lorenzo de Médicis.

Lorenzo Valla, humanista italiano.

Lorenzo Hervás, erudito jesuita español.

Lorenzo de Villalonga, escritor mallorquín.

LUCIANO – 75 –

Onomástica:
7 de enero (Luciano de Antioquía);
8 de enero (Luciano, obispo);
13 de diciembre (Luciano, mártir).
Del latín *lux*, «luz».

Es un nombre que da fuerza, raciocinio, ideas burguesas y positivas con conductas independientes; la inteligencia es más asimilable que original, teniendo aptitudes para cualquier profesión. Dotados de energía y de voluntad, son muy hábiles para dirigir sus propios negocios, mostrándose suaves o ásperos según las circunstancias.

Personajes famosos:
Luciano Merson, pintor francés.
Luciano Pavarotti, famoso tenor italiano.
Luciano Visconti, cantante ligero italiano.

LUIS – 61 –
LUISA – 62 –

Onomástica:
21 de enero (Luisa, viuda);
28 de abril (Luis María Grignon de Montfort, confesor);
30 de abril (Luis, mártir);
21 de junio (Luis Gonzaga);
19 de agosto (Luis, obispo);
25 de agosto (Luis, rey de Francia);
10 de setiembre (Luis Eixarch, mártir);
9 de octubre (Luis Bertrán).

Nombre germánico. Deriva de *blod-wig*, que significa «guerrero ilustre», «famoso en la guerra».

Son personas laboriosas, rectas, prudentes, económicas

y ponderadas. Aman las situaciones claras y francas, y no les duelen prendas, salvo si su amor propio está en juego, cuando se trata de reconocer un error que pudiera ser causa de disgusto o confusión.

Son, además, afectivos, graciosos y llenos de delicadeza.

Personajes famosos:

Ludwig (Luis) van Beethoven, compositor alemán.

Luis Amadeo de Saboya, conde de los Abruzos.

Luis Daoiz, héroe español de la independencia.

Luigi (Luis) Pirandello, escritor y dramaturgo italiano.

Luis Bleriot, aviador y constructor francés.

Luis Cherubini, compositor italiano.

Luis Braille, profesor francés, inventor de la escritura en relieve para ciegos.

Luis Companys, político catalán que fue presidente de la Generalitat de Catalunya, fusilado posteriormente en el foso de Santa Eulalia, en el castillo-prisión de Montjuich, bajo la dictadura del general Franco.

Louis Armstrong, trompetista y cantante de jazz norte-americano.

Luis Góngora, escritor español perteneciente al Siglo de Oro.

Luis García Berlanga, director cinematográfico valenciano de renombre internacional.

Luis Buñuel, director de cine español, parte de cuya trayectoria profesional transcurrió en Francia.

Luis Cernuda, poeta español.

Luis Carrero Blanco, almirante y político español, que murió en un atentado.

Luis Nicolau d'Olwer, escritor y político catalán.

MAGDALENA – 58 –

Onomástica:
22 de julio.
Procede del griego *mygdalom*, que significa «cosa elevada o magnífica».

Todas las Magdalenas son inteligentes y hábiles. Unas aplican sus facultades al bien del prójimo y son fieles hasta incluso olvidarse de sí mismas; otras se sirven del prójimo para procurarse el máximo lujo y un modo de vida fácil...

Aunque no insensibles del todo, este ardor de los sentimientos se traduce en unas por una unión sin reservas con aquellos a quienes aman, dando a las otras verdaderos corazones «maleables» en los cuales se suceden ocupantes a un ritmo acelerado.

Las Magdalenas gozan, eso es indiscutible. Unas lo hacen con sencillez, contentas de sentirse amadas; las otras lo hacen con espíritu deportivo y sienten un placer algo maligno en verse admiradas por los «destrozos» de los que ellas son responsables.

En resumen, todas tienen en común que sobresalen de la mediocridad. Unas serían perfectas si la perfección existiera en el mundo. Las otras son peligrosas.

Personajes famosos:
Madeleine de Scudéry, novelista francesa.
Madeleine de La Fayette, novelista.

Onomástica:

22 de enero (Manuel, obispo);

26 de marzo;

17 de junio;

25 de diciembre.

Nombre hebreo que significa «Dios está con nosotros».

Imaginativos, soñadores, efusivos, nunca ariscos ni obstinados, los Manuel son de un trato agradable. Introvertidos, parecen ausentes, si bien se muestran expansivos, calurosos, y persuasivos cuando toman confianza y se ven situados en una situación que les place. Si algunas veces carecen de tesón y de empeño por conseguir algo, solamente ellos son las víctimas y se consuelan, entonces, a sí mismos, de no tener éxito, pues son muy desinteresados y, aunque aman la belleza y la vida lujosa, no se desviven por conseguir dinero.

Personajes famosos:

Manuel Godoy, político español, llamado Príncipe de la Paz.

Emmanuel Kant, filósofo alemán.

Manuel Bretón de los Herreros, escritor español.

Manuel Fernández Caballero, compositor español.

Manuel de Falla, compositor español.

Manuel Azaña, político español, tres veces jefe del Gobierno y presidente de la República en 1936.

Manuel Giménez Sales, famoso actor cómico catalán.

Manuel Fraga Iribarne, político español, fundador del partido Popular.

MARCELO – 67 –
MARCELA – 53 –
MARCELINO – 91 –
MARCELINA – 77 –

Onomástica:
16 de enero (Marcelo, papa);
2 de junio (Marcelino, sacerdote);
28 de junio (Marcela de Alejandría);
17 de julio (Marcelina).
1 de noviembre (Marcelo, obispo de París).
Del latín *Mars*, «dios de la guerra».

Finos, astutos, perseverantes, siempre dueños de sus reacciones, los Marcelo han de lograr el éxito. Su carácter afable, sin bajezas ni banalidad, les ayuda a crearse simpatías que pueden trocarse en útiles ayudas.

No se muestran orgullosos ni ostentosos, ni tímidos, sino más bien mostrando un tranquilo aplomo, una confianza en sí mismos, basado todo ello no en la vanidad, sino en la exacta calibración de sus fuerzas.

Alegres, ven la vida del lado bueno y, sin embargo, no son despreocupados ni imprudentes.

Un corazón normal que no es de piedra ni de brasa que se rinde al veredicto de la razón.

Las Marcelas tienen su correspondiente masculino, pero ellas son más entusiastas, más fogosas y no pueden dominar demasiado sus emociones ni guiar su voluntad. Mucho más desinteresadas también y más capaces de sacrificarse.

En cuanto a los Marcelinos y Marcelinas son menos positivistas que los Marcelo, bastante más sentimentales y más delicados.

Personajes famosos:
Marcelo Prévost, escritor francés.
Marcelino Berthelot, sabio francés.

MARCIAL – 57 –

Onomástica:
30 de junio.
Del latín, significa «nacido bajo el signo de Marte».
Los Marcial son desenvueltos. Ante una dificultad intentan sortearla antes que pararse a reflexionar cómo hacerlo. Muy combativos, no les gusta verse contrariados ni que se burlen de ellos y fácilmente se enfadan, aunque pronto intentan hacerse perdonar, pues no son rencorosos en el fondo, mostrando un corazón ardiente y muy cálido que tiene necesidad de amar y ser amado.
Personajes famosos:
Marcial Lalanda, torero español.

MARGARITA – 71 –

Onomástica:
22 de febrero (Margarita de Cortona);
10 de junio (Margarita, reina de Escocia);
20 de julio (Margarita de Antioquía).
Este nombre procede del griego y significa «perla preciosa».

Perfectamente servidas por una inteligencia intuitiva y asimilable, por una elocución fácil, toman con facilidad el mando en una conversación y saben mantenerlo sin molestar a sus interlocutores.

Bastante listas para descubrir los verdaderos valores, se entregan a ellos para servirlos, no tanto para significarse sino por simpatía y admiración sinceras.

Honestas, fieles, son excelentes amigas de sus amigos.

Naturalmente, como en todo hay excepciones en sentido contrario: hipocresía, falta de moralidad, ausencia de bon-

154

dad, todo esto bajo la apariencia de una amistad sincera. Afortunadamente, estas excepciones son minoría entre las que llevan este nombre.

Personajes famosos:

Margarita de La Sablière, protegida de La Fontaine.

Marguerite Duras, escritora francesa.

MARÍA – 42 –

Onomástica:

2 de abril (María Egipciaca);

9 de abril (María Cleofás);

18 de abril (María de la Encarnación);

18 de mayo (María del Sagrado Corazón);

1 de julio (María, hermana de Moisés);

6 de Julio (María Goretti);

15 de agosto (La Asunción de María);

9 de setiembre (María de la Cabeza);

12 de setiembre (Dulce Nombre de María);

15 de diciembre (María de la Cruz de Rosa).

Nombre propio hebreo formado sobre el adjetivo *maryam*, equivalente a «altura», «eminencia», «excelsitud», que lógicamente significa: «excelsa», «eminente».

En apariencia frías y reservadas, esconden un temperamento ardiente, apasionado y lleno de energía, que pocas personas supondrían en ellas.

Sus ideas no son muy profundas y aun diríamos que lo más frecuente en las mujeres que ostentan este nombre es la superficialidad de aquéllas y su escasa fijeza.

Hay peligro de que sus fracasos las descorazonen demasiado y pierdan la fe en el porvenir. Bastante impulsivas, hay que desconfiar de sus ímpetus, a veces por completo irracionales; no se las debe juzgar en función de ellos porque una vez pasados se manifiestan de mejor carácter y no conservan recuerdo de sus arrebatos.

Gozan de buena salud y suelen vivir largos años.

Personajes famosos:

María Estuardo.

María Tudor.

María de Médicis.

Marie Curie, científica e investigadora, premio Nobel de química.

María Barrientos, soprano lírica española.

María Guerrero, famosa actriz española.

María Aurelia Campmany, novelista catalana.

MARIO – 56 –

Onomástica:

19 de enero;

8 de junio (Mario, ermitaño).

Del latín «marítimo».

¿Son todos los Marios bromistas tal como los presentan los relatos populares? No, necesariamente. Algunos no tienen pelos en la lengua, no dudan de nada y no se muestran tímidos en absoluto. Pero si su facundia se presta a veces a hacernos sonreír, si exageran un poco la importancia de sus hazañas, esto no se les debe tener en cuenta. Son «buenos muchachos», dispuestos a rendir un servicio si se les pide, desinteresados, sinceros incluso en medio de sus burlas a veces inconscientes. Sus bromas muy fáciles, su risa un poco ancha, esconde a menudo una emotividad que intentan que no se les conozca.

Personajes famosos:

Mario Moreno «Cantinflas», actor cómico mexicano.

Mario Satz, novelista argentino.

MARTA – 53 –

Onomástica:

19 de enero (Marta, mártir);

23 de febrero, 29 de julio y 20 de octubre (Marta, virgen).

Nombre propio arameo formado por el sustantivo *marta*, equivalente a «señora», «ama de la casa».

Las mujeres que así se llaman suelen ser tímidas y poco comunicativas con aquellas personas que no les inspiran confianza. Más en apariencia que en realidad, se muestran frías e indiferentes; pero cuando un sentimiento fuerte y profundo se apodera de su corazón, emerge del interior de su personalidad un fuego ardiente y se muestran arrebatadas, vehementes y apasionadas.

Son de inteligencia desarrollada y poseen buen gusto artístico. Saben administrarse y tienen a honra ser económicas y muy previsoras.

Personajes famosos:

Marta Toran, actriz cinematográfica sueca.

Marta Mata, pedagoga y política catalana.

Marta Padovan, actriz de cine.

MARTÍN – 75 –
MARTINA – 76 –

Onomástica:

3 de noviembre (Martín de Porres);

11 de noviembre (Martín, obispo).

El nombre proviene del latín *mars*, «dios de la guerra».

Los Martin tiene una inteligencia clara, que les permite juzgar con rectitud y les evita cometer disparates.

Además, como son muy amables, acomodaticios y nada

vindicativos ni rencorosos, son personas a las que gusta frecuentar.

Personajes famosos:

Martín Enríquez de Almansa, virrey de Nueva España y del Perú.

Martin Heidegger, filósofo alemán.

MATEO – 54 –

Onomástica:

21 de setiembre (Mateo, apóstol, evangelista);

12 de noviembre (Mateo, ermitaño y mártir).

Forma abreviada del nombre hebreo *Mattiyabu*, compuesto por el sustantivo *matt*, don, y el elemento divino *Yahveh*; significa: «don de Dios», «regalo de Dios».

Son algo materialistas.

Les encanta figurar, aparentar, brillar con luz propia en el medio ambiente en el que se desenvuelven, y si no hay los suficientes méritos para ello, los inventan si es preciso.

Su voluntad brilla por su ausencia y admite todas las influencias que concuerden con sus gustos.

Son individuos sociables, de franca inestabilidad emocional. No saben controlarse y están a merced de sus veleidades y de los acontecimientos que, además de cogerles siempre desprevenidos, les desbordan.

Gozan, eso sí, de excelente humor, y son enemigos declarados de peleas, disputas, e incluso de polémicas o controversias.

Personajes famosos:

Mateo Morral, anarquista catalán, que atentó contra la vida de Alfonso XIII el día de la boda del rey.

Mateo Alemán, novelista clásico español.

Mateo Inurria, escultor español.

MATÍAS – 63 –

Onomástica:
24 de febrero.
Procede del hebreo y significa «don del Señor».
El amor por la equidad debe ser la nota dominante de los que llevan este nombre. Pero, además, no sólo se muestran justos sino generosos y desinteresados hasta la imprudencia.
Personajes famosos:
Matías de Gálvez, general español.

MATILDE – 64 –

Onomástica:
14 de marzo;
19 de noviembre (Matilde, monja).
De inteligencia no limitada, pero algo lenta, las Matilde deben perseverar si quieren llegar a figurar en alguna ocupación, bien sea comercial o artística, siendo, por lo general, excelentes los resultados.
Personajes famosos:
Matilde, reina, esposa de Guillermo el Conquistador.
Matilde Alanic, novelista.

MAURICIO – 89 –

Onomástica:
22 de setiembre.
Proviene del latín *maurus*, «el de la tez morena».
Reflexión, buen sentido, tales son las virtudes que adornan la inteligencia de los Mauricio. En cuanto a su voluntad, se caracteriza por la obstinación, especialmente cuando se

encuentran ante un deber de difícil cumplimiento. Los Mauricio son trabajadores, no siendo muy amantes de perder el tiempo en placeres, por lo que no son demasiado bien vistos en sociedad, a pesar de que ellos se esfuerzan en mostrarse correctos y a disimular su impaciencia.

Personajes famosos:
Maurice Donnay, novelista francés.
Maurice de Saxe, mariscal francés.
Mauricio Barris, escritor francés.
Maurice Chevalier, famoso cantante y actor francés.
Mauricio Kagel, compositor argentino.
Mauricio Achar, actor teatral y librero mexicano.

MÁXIMO – 75 –
MAXIMILIANO – 111 –

Onomástica:
13 de agosto (Máximo, confesor);
8 de junio (Maximiliano de Aix);
25 de junio (Máximo de Torí).
Nombre que procede del latín *maximus*, «muy grande».

El nombre de Máximo es llevado por gente calmosa, ponderada, enemigos de toda extravagancia, de cualquier exceso. Gentes muy sociables que aman al prójimo y saben hacerse amar a su vez.

En cuanto a los Maximiliano, este nombre les concede una gran distinción de espíritu y de comportamiento, una notable dignidad en su forma de vivir, rozando, en algunos, hasta la austeridad. Tienen un sentido muy estricto de la equidad.

Personajes famosos:
Maximiliano Robespierre, revolucionario francés.
Máximo Gómez, general y patriota cubano.

160

Maximiliano Hernández, político salvadoreño-
Máximo Lalanne, grabador francés.
Máximo Boucheron, dramaturgo francés.
Maximiliano Sully, ministro de Enrique IV.
Maximiliano de Habsburgo, emperador de México en 1864.

MERCEDES – 72 –

Onomástica:
24 de setiembre (Nuestra Señora de las Mercedes).

Del latín *merx*, mercadería; antiguamente mercedes significaba: «misericordia», «perdón», «recompensa».

Son mujeres que por pudor espiritual tienen a contener ciertas manifestaciones externas de su sensibilidad, lo que hace que parezcan menos afectivas y cordiales de lo que en realidad son.

Aunque tienen un poco, y a veces un mucho de amor propio, son muy bondadosas y de gustos sencillos. Son, además, atractivas, inteligentes y dulces.

Amables y conciliadoras, hacen cuanto está en su mano para eludir y evitar las situaciones difíciles y penosas, aun teniendo que renunciar para ello a lo que legítimamente es suyo.

Se trata, éste, de un nombre excelente.
Personajes famosos:
Mercedes Rodoreda, novelista catalana, autora de *La Plaça del Diamant.*

Mercedes Salisachs, novelista catalana en lengua castellana, premio Planeta con la obra *La Gangrena.*

MIGUEL – 67 –
MICAELA – 44 –

Onomástica:
5 de julio (Miguel de los Santos);
29 de setiembre (Miguel Arcángel).
Ddel hebreo, «que es parecido a Dios».

Los Miguel gozan en la abstracción. Son estudiosos, incluso en aquellos temas que otros rechazan por áridos y farragosos. Aman la belleza, el lujo y no retroceden ante un gasto exagerado. Sin embargo, este gusto por el fasto no les lleva a cometer tonterías. Si no pueden poseer lo que desean, muy razonablemente se contentan con lo que tienen. De carácter algo caprichoso, son difíciles de complacer.

En el plano sentimental los Miguel son seductores, encantadores, causando a veces grandes envidias, sin que ellos lleguen a percibirlo.

Personajes famosos:
Miguel Ángel Asturias, poeta y novelista guatemalteco.
Miguel Bakunin, revolucionario ruso.
Miguel de Cervantes Saavedra, inmortal autor de *Don Quijote de la Mancha.*
Miguel Delibes, novelista español.
Miguel Faraday, físico y químico inglés.
Miguel Burro Fleta, célebre tenor español.
Miguel Pezza, llamado Fra Diávolo, bandido italiano.
Mijail Sergueivitch Gorbachov, político soviético, que implantó en Rusia la Perestroika.
Miguel Hernández, poeta español.
Michèle Morgan, actriz cinematográfica francesa.
Micheline Presle, actriz francesa.
Miguel Indurain, famoso ciclista español.

MODESTO – 91 –
MODESTA – 77 –

Onomástica:

12 de enero y 12 de febrero (Modesto, mártir);
24 de febrero (Modesto, obispo).

No nos consta la raíz etimológica de este apelativo.

Son personas de una voluntad enérgica que se manifiesta mayormente en los momentos de gravedad, cuando es preciso obrar con energía y resolución.

Están dotados de una gran simpatía, de un innegable don de gentes y de un exquisito tacto en el trato social, aunque podría censurárseles por cierta rigidez de principios que a menudo les hace intolerantes.

Manifiestan deseos de no presentarse ante los ojos de los indiferentes como en realidad son, importándoles muy poco que se formen juicios erróneos sobre su manera de ser y de pensar.

Son sinceros cuando les interesa o cuando consideran que el deber les obliga a serlo, y no carecen de valor para defender sus teorías y postulados.

Personajes famosos:

Modesto Mussorgski, compositor ruso.

Modesto Cuixart, pintor catalán.

Modesto Lafuente, periodista e historiador español.

Onomástica:
2 de enero, 18 de marzo, 17 de setiembre y 31 de octubre (Narciso, mártir);
29 de octubre (Narciso, obispo).

Del griego *narkissos*, forma de *Narkao*, producir sopor, aludiendo al fuerte perfume de esta planta.

Los Narciso están dotados de un gran temperamento artístico.

Su magnífica imaginación les hace aptos para la literatura y el pincel. Son proyectistas, pletóricos de iniciativas, pero carecen de perseverancia.

Entusiastas y apasionados, cometen a veces errores de bulto. No son demasiado previsores y con frecuencia se encuentran en comprometidas situaciones económicas por mala gestión administrativa.

Personajes famosos:
Narciso Monturiol, inventor catalán, a quien se le debe la invención del sumergible (submarino).

Narciso Heredia, político español, jefe de Gobierno en 1837.

Narciso Yepes, famoso guitarrista español.

NATALIA – 58 –

Onomástica:
1 de diciembre
Del latín *natalis*, que se relaciona con el nacimiento.

Las Natalias se salen de lo ordinario de una u otra manera; cuando no pueden sobresalir por su situación o por su inteligencia, no vacilan: para sustraerse a la banalidad se lanzan a aventuras que no siempre acaban felizmente.

Personajes famosos:
Natalia, madre del rey Alejandro de Serbia.

Natalia Figueroa, escritora y esposa del ex torero «El Cordobés».

NÉSTOR – 91 –

Onomástica:
26 de febrero.
Del griego, «negro» o «el que se recuerda»

Este nombre no es muy favorable para quienes lo llevan, aunque el buen sentido, el discernimiento, una obstinación razonable y metódica pueden servirles útilmente.

Personajes famosos:
Néstor Luján, periodista y crítico español.

NICASIO – 70 –

Onomástica:
11 de octubre.
14 de diciembre (Nicasio, obispo).

Proviene del griego *nicaho*, «el que consigue la victoria».

Valientes y buenos, pero bajo una apariencia que, no se sabe bien por qué, predispone a la sonrisa. Los Nicasio, además, no se molestan por estas bromas injustificadas, tomándoselas con filosofía y con buen sentido, y su candidez les sitúa a cien codos por encima de los burlones.

NICOLÁS – 73 –

Onomástica:
3 de febrero (Nicolás de Longobardo);
21 de marzo (Nicolás de Flue, confesor);
9 de mayo (Nicolás, obispo y cardenal);
2 de junio (Nicolás, peregrino);
13 de junio (Nicolás, abad);
10 de setiembre (Nicolás Tolentino);
23 de diciembre (Nicolás factor).
Del griego *nikolaos*, «vencedor del pueblo».

Aman la soledad y en general son desconfiados y sienten un exagerado cariño por la «plata». Sienten una irresistible atracción por lo juegos de azar. Su imaginación es fértil en toda clase de maquiavelismos.

Personajes famosos:
Nicolás Copérnico, astrónomo polaco.
Nicolás II de Rusia.
Nicolás Maquiavelo.
Nikolai Aleksandrovitch Bulganin, mariscal soviético.
Nicolás Zabaleta, arpista vasco.
Nicolás Guillén, poeta cubano.
Nicolás Ceausescu, político rumano.

Onomástica:

5 de agosto (Nuestra Señora de las Nieves).

Deriva del latín vulgar *neve*, variante del clásico *nive*.

Suelen ser un tanto indecisas pero una vez han tomado una resolución se mantienen firmes en ella contra viento y marea. La inteligencia es más que aceptable pero, por lo general, no está debidamente cultivada. Sobre su bondad no cabe la menor duda. Son constantes y leales aunque un poco impresionables.

Por lo común, acostumbran a ser algo perezosas.

Personajes famosos:

Nieves García, ajedrecista catalana.

NORBERTO – 107 –

Onomástica:

6 de junio.

Proviene este nombre del alemán y significa «hombre del Norte».

No muy numerosos, los Norberto tampoco son demasiado originales. Serios, dedicados a su labor con devoción., obtienen por lo general buenos resultados por su trabajo, lógico, metódico, perseverante. Poco impresionables, no se desalientan ante las dificultades, y los acontecimientos, por desfavorables que se presenten, no les hacen perder la calma. Sin embargo, bajo su apariencia impasible, late un corazón, si bien no exaltado ni apasionado, cuando menos fiel, devoto, compasivo.

Personajes famosos:

Norberto Lugo, impulsor de la literatura en español en Puerto Rico.

OCTAVIO – 85 –
OCTAVIA – 71 –

Onomástica:
20 de noviembre.
Proviene del latín *octavus*, «el octavo».
Inteligentes, los Octavio se desenvuelven muy bien en las altas esferas. Una sólida voluntad, en principio, pero que no les impide, sin embargo, dejarse influir. De sentimientos a la vez fuertes, serios y sensatos.
Personajes famosos:
Octavio Augusto, emperador romano.
Octavia, hermana del emperador Augusto.
Octavia, mujer de Nerón.
Octavio Feuillet, escritor francés.
Octavio Paz, escritor mexicano.

ÓSCAR – 56 –

Onomástica:
3 de febrero (Óscar, obispo).
Nombre de origen germánico que tiene el significado de flecha divina. Su versión latinizada es *Anscari*.
Este nombre hace ingeniosos a quienes lo ostentan y les presta una intuición tan peculiar como particular. Su cuali-

dad asimilativa es centelleante y de un vistazo fugaz son capaces de establecer acertadas conclusiones, cualidad ésta que les resulta extraordinariamente útil en el área de los negocios y las inversiones.

Sus aptitudes son múltiples —podría calificárseles de polifacéticos— y se desenvuelven con acierto y soltura en cualquier ámbito profesional. Son astutos y hábiles, mañosos para toda clase de tareas que requieran paciencia, intelecto y destreza. Gozan de excelente constitución física. A estas cualidades añaden una avidez desenfrenada, a cuyo estímulo se malean alguna de aquéllas.

Personajes famosos:

Óscar Wilde, novelista y dramaturgo británico, autor de la conocida obra *El retrato de Dorian Gray*, que sufrió prisión por sus relaciones homosexuales con un aristócrata inglés.

Óscar Niemeyer, arquitecto brasileño, creador de los edificios más representativos de Brasilia.

Óscar Esplá, compositor valenciano.

Óscar Kokoschka, pintor austríaco.

Óscar Arias, político costarricense.

Óscar Domínguez, pintor español.

PABLO – 46 –

Onomástica:
15 de enero (Pablo, ermitaño);
12 de marzo (Pablo de León);
29 de junio (Pablo, apóstol).

Nombre propio latín formado sobre la raíz *paulus*, con el significado de «pequeño», «débil».

Se caracterizan por la originalidad e independencia de sus ideas y por su espíritu amplio y comprensivo. Poseen una gran intuición, que en algunos momentos parece tratarse de una extraordinaria clarividencia natural. Son bondadosos y están dotados de un alto sentido moralista.

Tienen una generosidad de sentimientos poco común.

Personajes famosos:

Paul Cézanne, pintor impresionista francés.

Paul Gauguin, pintor impresionista francés.

Pablo Iglesias, político español, fundador del Partido Socialista Obrero Español (PSOE).

Pablo Casals, violoncelista catalán de fama mundial.

Pablo Picasso, pintor malagueño, cuyos cuadros se cotizan astronómicamente y entre los que destaca el famoso *Guernica*.

Pablo Neruda, escritor y poeta chileno, pseudónimo bajo el que se escondió Neftalí Ricardo Reyes, premio Nobel de literatura en 1973.

PATRICIO – 91 –
PATRICIA – 77 –

Onomástica:
17 de marzo.
Proviene del latín *patricium,* que significa «jefe de familia noble».

Un nombre distinguido y lleno de dignidad. Los Patricio deben pertenecer a la élite intelectual y social. Cierta reserva, un aire condescendiente, de los que apenas tienen conciencia, alejan a quienes, sin embargo, les admiran en secreto. A pesar de estas características, no son afectados, si bien, amables en sociedad, no gustan demasiado de la compañía ajena.

Sin astucia, desdeñando las pequeñas triquiñuelas y la mayor o menor honestidad, no logran el éxito que merecen. Pero se consuelan filosóficamente, dejando aparte la ambición, a pesar de un orgullo justificado y la conciencia de su propio valor.

Personajes famosos:
Patricio de la Escosura, escritor romántico español.

PEDRO – 58 –

Onomástica:
28 de enero (Pedro Nolasco);
23 de febrero (Pedro Damián);
13 de mayo (Pedro Regalado);
7 de junio (Pedro de Écija);
29 de junio (Pdedro, apóstol);
8 de julio (Pedro, ermitaño);
9 de setiembre (Pedro Claver);
19 de octubre (Pedro de Alcántara).

Nombre griego de la raíz *petra*, piedra, roca, traducción del arameo *kefa*, piedra, y por analogía, «firme como la piedra».

Niega este nombre, que no es malo en sí mismo, toda habilidad manual y las facultades necesarias para llevar a cabo una empresa de orden práctico. Quienes lo llevan son soñadores, idealistas, inclinados a la poesía y el misticismo; odian los negocios y todo cuanto con este ambiente se relaciona.

La inestabilidad de su temperamento se refleja tanto en el área romántica y de la amistad: todo lo conocido acaba aburriéndoles.

Tienen alma bohemia, son excesivamente impresionables; lo que aman hoy lo aborrecen mañana. Son indolentes y su fantasía es prodigiosa, haciéndoles ver en el mundo de su imaginación todo lo que desean y en la forma que lo desean.

Desordenados y pesimistas no están contentos de sí mismos aunque saben engañarse perfectamente, pero no olvidan en el fondo de su conciencia que su vida es vacía, inútil.

Personajes famosos:

Pedro Pablo Rubens, pintor flamenco de renombre mundial.

Pedro el Grande de Rusia.

Pedro Abelardo, teólogo francés, famoso por sus amores con Eloísa.

Pedro Agustín de Beaumarchais, escritor francés.

Pedro Calderón de la Barca, poeta dramaturgo español

Pedro Antonio de Alarcón, novelista español.

Pedro Corneille, dramaturgo francés.

Pedro Berruguete, pintor español.

Pierre de Coubertin, restaurador de los Juegos Olímpicos en 1896.

Pietro Badoglio, mariscal italiano.

172

Pierre Curie, sabio químico y físico francés que con su esposa descubrió el radio.

Pierre Laval, político francés fusilado por colaboracionista.

PLÁCIDO – 60 –

Onomástica:
5 de octubre.
Del latín *placidus*, «calmo, tranquilo».

La etimología de este nombre es, por sí misma, un retrato tan preciso que es difícil escapar a su influencia. La única cosa que puede hacerse, de llevar este nombre, es tomarse las cosas como vengan, con calma, igual en las circunstancias favorables como en las desfavorables. Así, no es de extrañar que en esta época agitada, de inquietudes, los Plácido sean pocos.

Personajes famosos:
Plácido Domingo, tenor español de fama universal.

PRÓSPERO – 122 –

Onomástica:
25 de junio.

Nombre que procede del latín *prosperus*, que puede traducirse por «floreciente».

Si los Próspero «prosperan» no es ni gracias a una inteligencia fuera de lo común ni utilizando una voluntad a toda prueba; al contrario, su buen sentido, su moderación les pone, tanto como sea posible, al abrigo de riesgos.

No obstante, este nombre no es infalible; si los Próspero fracasan, se muestran un poco descompuestos, pero no enloquecen hasta el punto de intentar suicidarse: ante la adversidad se resignan mientras intentan rehacerse.

Personajes famosos:

Próspero Mérimée, escritor.

Próspero Crébillon, dramaturgo francés.

Próspero Fernández, general y político costarricense.

PRUDENCIO – 105 –
PRUDENCIA – 91 –

Onomástica:

28 de abril (Prudencio, obispo);

6 de mayo (Prudencia, monja).

Del latín *prudens*, «precavido».

Les es imposible a los Prudencio y a sus correspondientes femeninas escapar a la sugestión de su nombre. Si la prudencia es una virtud muy útil a quienes la practican, la misma no les hace, sin embargo, ni brillantes ni particularmente atrayentes. Pero a los Prudencio la popularidad no les atrae. Prefieren la tranquilidad de una existencia al abrigo de sobresaltos.

Personajes famosos:

Prudencio Morais Barros, político brasileño.

RAFAEL – 43 –
RAFAELA – 44 –

Onomástica:
24 de octubre.
Proviene del hebreo y significa «Dios sana».

Los Rafael son cerebrales; todo lo abstracto, lo inmaterial, les place, les atrae, y en estos ambientes se mueven con gusto. Lo grosero, lo trivial les desagrada, si bien no exteriorizan demasiado sus sentimientos y sus gustos por temor a encontrar incomprensión y para huir de un positivismo demasiado brutal que les martirizaría. Pero cuando se confían a alguien se expansionan y dejan desbordar su exquisita y fiel sensibilidad.

Personajes famosos:
Rafael Sanzio, «Rafael», célebre pintor italiano.
Rafael Collin, pintor francés.
Rafael Alberti, poeta español.
Rafael Hernández Colón, político puertorriqueño.
Rafael María de Labra, periodista cubano.
Rafaela Aparicio, veterana actriz española.
Rafaela Carrá, cantante y presentadora de televisión, italiana.

RAIMUNDO – 95 –

Onomástica:
22 de enero.
Proviene del germánico y significa «buen consejero».
Los Raimundo son encarnizados trabajadores y pueden rivalizar con cualquiera, incluso con los mejor dotados. Su tenacidad, su metódico trabajo les coloca, a menudo, por encima incluso de quienes son superiores a ellos.
No son impetuosos, pero muestran tal firmeza que nada puede desviarles de su rumbo.
Personajes famosos:
Raymond Poincaré, hombre de Estado.
Raimundo Lulio, alquimista.
Raimundo Failché-Delbosc, hispanista francés.

RAMÓN – 61 –
RAMONA – 62 –

Onomástica:
21 de junio (Ramón, obispo);
31 de agosto (Ramón nonato).
27 de noviembre (Ramón Llull);
Nombre germánico de *ragin-mund*, «consejo protector».
Este nombre no concede habilidad manual ni práctica. Los que lo ostentan han nacido para una vida interior que se desarrolla estrictamente en el plano de la más alta espiritualidad.
Su *alter ego* vibra como un arpa por todo lo grande y noble, y se pierde en altas especulaciones de carácter místico, religioso-filosófico.
Sienten profunda aversión por todo sentimiento bajo y vulgar. Contra lo que pueda pensarse no carecen de energía,

que muchas veces ponen al servicio de una causa noble, y saben, si llega el caso, sacrificar su vida por un ideal.

Personajes famosos:

Ramón de Campoamor y Campo-Osorio, poeta castellano.

Ramón María del Valle Inclán, literato español.

Ramón Menéndez Pidal, que fue presidente de la Academia Española de la Lengua.

Ramón Emeterio Betances, médico puertorriqueño.

Ramón Casas, pintor impresionista español.

Ramón Franco, aviador español que realizó la travesía del Atlántico en el hidroavión *Plus Ultra*.

Ramón Gómez de la Serna, escritor español.

RAÚL – 52 –

Onomástica:

21 de junio.

Procede del germánico y significa «buen consejo» o «lobo al acecho».

Si los Raúl no tienen una reputación de grandes genios, es por falta de ambición, no de posibilidades. Esta modestia tiene como base la indolencia: A los Raúl no les agrada aquello que requiere un gran esfuerzo; por ello no son combativos ni rencorosos, gustando de la vida fácil, a menos que alguien les contraríe hasta el punto de obligarles a luchar, en cuyo caso se muestran bastante agudos y mordaces. Sentimentalmente sus reacciones no son violentas.

Personajes famosos:

Raúl de Navery, escritor francés.

Raúl Alfonsín, abogado y político argentino, presidente de la República de 1983 a 1989.

Raúl Sender, actor cómico español.

Onomástica:

7 de febrero (Ricardo, rey);

3 de abril y 9 de junio (Ricardo, obispo);

26 de abril (Ricardo, presbítero).

Nombre germánico: *Ric-hard*, «fuerte y poderoso».

Los que así se llaman poseen una paradójica mezcla de idealidad y positivismo que, al mismo tiempo que no les hace vulgares, les mantiene pegados al suelo por el lazo de sus pasiones, que pocas son las veces que consiguen dominar.

Todas las cuerdas del alma humana vibran en ellos con igual fuerza e intensidad y a cuanto hacen imprimen su impronta personal, *sui géneris*, con tal ímpetu que, sin pretenderlo, anulan las acciones de quienes participen con los «Ricardos» en cualquier acción, tarea o empresa.

Puede que resulten un tanto egoístas, pero esto no excluye una bondad natural y una generosidad sin límite pues, más que nada, se trata de un egoísmo de carácter afectivo y sentimental.

Personajes famosos:

Richard (Ricardo) Wagner, compositor alemán, cuyas creaciones se han contado por éxitos.

Richard Strauss, músico austríaco, uno más de la popular familia de ese ilustre apellido.

Ricardo Guiraldes, escritor argentino.

Ricardo Jaimes Freyre, escritor boliviano.

ROBERTO – 93 –

Onomástica:

17 de abril

178

Procede de dos voces germánicas: «brillante consejero».

De una inteligencia bastante mediocre al principio, los Roberto, gracias a su perseverancia y tenacidad, si se dedican a cultivarla pueden obtener buenos resultados. Además, son gente diestra y excelente para todo aquello que emprendan. Bromistas, gustan de burlarse de su entorno. Buenos chicos, valientes, de una franqueza a veces brutal, gozan de una popularidad simple, si se quiere, pero hecha de simpatía y simplicidad.

Positivistas y realistas, tendrán éxito si se muestran disciplinados, ordenados y, sobre todo, económicos.

Personajes famosos:

Roberto de Flers, actor cómico francés.

Roberto Fulton, ingeniero.

Robert Koch, médico.

Roberto Planquette, compositor de música.

Robert Houdine, ilusionista famoso.

Robert Blake, almirante inglés.

Robert Boyle, físico y químico irlandés.

RODOLFO – 85 –

Onomástica:

17 de abril.

Este nombre procede del germánico y significa «ayuda de la palabra».

Amantes de las aventuras, de la «movida», del riesgo o de la actividad, su valentía, su carácter caballeresco y un poco quimérico puede en estos ambientes dar libre curso a sus inclinaciones. Cuando todo esto les falta, se muestran taciturnos, huraños y no se interesan por las pequeñeces de la existencia por las cuales no sienten ni simpatía ni sus aptitudes son idóneas para soportarlas.

Personajes famosos:
Rudolf Diesel, ingeniero alemán.
Rodolfo Valentino, astro de la pantalla argentino.
Rodolfo Halfter, compositor español.
Rudolf Hess, militar alemán.

ROLANDO – 79 –

Onomástica:
16 de enero.
Proviene del germánico, «el salvador del país».

Los Rolando, siguiendo el ejemplo del famoso héroe de dicho nombre, deben ser caballerosos, valientes, ardientes, fieros, amorosos y leales. No siempre prudentes y de ningún modo astutos, ni dados a las sutilezas diplomáticas.

Personajes famosos:
Roland Dorgelès, escritor.
Rolando, sobrino de Carlomagno.

ROMÁN – 61 –

Onomástica:
18 de noviembre.
Proviene del latín *romanus*, «habitante de Roma».

Como los romanos de la antigüedad, sus modernos descendientes son de carácter bien templado, bravos, amantes del orden y la disciplina, dotados de una gran energía física y moral. De buen corazón, pero teniendo a gala no mostrar sus sentimientos y de dar siempre prioridad a la razón.

Personajes famosos:
Román Rolland, escritor francés.
Román Jahobson, lingüista ruso.

ROSALÍA – 75 –

Onomástica:
4 de setiembre.
Formado con los vocablos latinos *rose* y *lis.*

A despecho de la etimología de su nombre y del ejemplo de su patrona, las Rosalía no tienen la gracia ni el amor a la soledad como rasgos característicos. Son, eso sí, buenas muchachas, serviciales, jamás preocupadas. No gustan de la indolencia ni de la vanidad.

Personajes famosos:
Rosalía de Castro, poetisa gallega.

ROSA – 53 –

Onomástica:
30 de agosto
Del latín *rosa*, «la rosa».

Las Rosas no son tan frágiles como podría hacer suponer su nombre. Al contrario, a menudo son mujeres serias, reflexivas, tenaces, pacientes, muy amantes y devotas, aunque sin ser víctimas de pasiones violentas. No les gustan, como a sus homónimas floridas, las espinas que pudieran hacerlas puntillosas, celosas y rencorosas. Sin embargo, tienen su amor propio, sólo que éste no se manifiesta en forma de vanidad.

Personajes famosos:
Rosa Chacel, escritora española.
Rosa Luxembourg, escritora.

SABINO – 61 –
SABINA – 47 –

Onomástica:
9 de octubre (Sabino, mártir);
27 de octubre (Sabina de Ávila):
30 de diciembre (Sabino, obispo).
Del griego, y significa «aquel que reverencia a los dioses».

Los que llevan este nombre son, por lo general, muy inteligentes, gustando de las artes, sensibles en tal grado que cualquier nimiedad les hace vibrar, no careciendo de las modestas virtudes cotidianas.

En cuanto a las Sabinas, de acuerdo a la vieja historia de su rapto por los romanos, tal vez les quede el gusto por la aventura.

Personajes famosos:
Sabino de Arana, militar español.

SALOMÉ – 65 –

Onomástica:
29 de julio (Salomé, monja);
22 de octubre (Salomé, viuda);
17 de noviembre (Salomé, virgen).

Nombre propio griego, derivado del hebreo *salem*, paz; significa «pacífica».

Concede este nombre cualidades que responden a la idea que se tiene de una naturaleza eminentemente femenina: gracia, dulzura, inteligencia viva y ponderada, abnegación, capacidad de sacrificio, lealtad, fidelidad, íntimo sentimiento del deber, pudor, afectividad, honda y callada ternura, bondad....

Todas estas donaciones de la naturaleza hacen las delicias de aquellos que las rodean, más que la suya propia; pero esto, antes les añade mérito que se lo quita.

Sólo aspiran a cumplir con sus deberes y obligaciones, por penosos que puedan resultar y hay que decir que lo consiguen siempre.

Personajes famosos:

Salomé, princesa judía de los Herodes; una tradición reflejada en los Evangelios explica que por instigación de su madre, Herodías obtuvo de su tío Herodes Antipas, la cabeza de San Juan Bautista a cambio de interpretar la llamada danza de los siete velos.

SALOMÓN – 89 –

Onomástica:
25 de junio.
Procede del hebreo y significa «pacífico».

Evidentemente sabios, los Salomón son justos, imparciales y, al mismo tiempo, dotados de puntos de vista amplios y profundos. Tal es, al menos, el recuerdo dejado por el rey hebreo.

Personajes famosos:
Salomón, hijo de David, rey de los hebreos.
Salomón Avicebrón, filósofo hispanojudío.

Onomástica:

18 de marzo.

Del latín *salvatore*, de obvio significado.

Con buenas palabras, halagos y cumplidos, es fácil cautivarlos y hacerles víctimas de manipulaciones y falacias engañosas. Suelen ser indolentes y llevar la negligencia por bandera, careciendo, para ellos, de valor el dinero.

Muchas veces existe una falta de equilibrio y armonía en sus facultades. No son ordenados y en ocasiones conservan largo tiempo el recuerdo de una ofensa que, si les es posible y no les cuesta demasiado esfuerzo, se aprestan a vengar.

Personajes famosos:

Salvador Dalí, pintor y escultor catalán cuya fama dio la vuelta al mundo.

Salvador Espríu, poeta catalán.

Salvador Allende, político socialista chileno, muerto el 11 de setiembre de 1973.

Salvador Paniker, filósofo y escritor catalán.

SAMUEL – 71 –

Onomástica:

20 de agosto.

Este nombre procede del hebreo y significa «otorgado por Dios».

Muy diestros, muy hábiles, los Samuel no resisten siempre a la tentación de engañar a sus semejantes, menos por interés o por maldad que por «amor al arte», podríamos decir, para ejercer su habilidad y porque la imbecilidad humana les ofrece, en muchas ocasiones, un campo de acción muy tentador.

Personajes famosos:
Samuel Champlain, explorador francés.
Samuel Morse, inventor del telégrafo de su nombre.
Samuel Adams, político norteamericano.
Samuel Baker, explorador inglés.
Samuel Foote, autor y actor cómico inglés.

SANSÓN – 82 –

Onomástica:
28 de julio.
Procede del hebreo y significa «sol».

Sansón es el hombre fuerte por excelencia, desde el punto de vista material al menos, pues, por lo que hace referencia a la energía y a la voluntad, los Sansón no son superiores a los demás, y las modernas Dalila, si quieren, pueden aún burlarse de ellos. Por esto, los que llevan dicho nombre, conociéndose, prefieren huir del peligro y protegerse con astucia y habilidad.

Personajes famosos:
Sansón, juez hebreo.

SARA – 39 –

Onomástica:
13 de julio (Sara, abadesa);
12 de setiembre (Sara, matrona);
9 de octubre (Sara).
Nombre propio hebreo, de *saray*, «princesa», «señora».

La voluntad es débil en las personas que así se denominan, aunque muchas veces, por la impetuosa terquedad que demuestran, hacen parecer lo contrario. El carácter es muy irregular, cambiante, versátil, incluso de connotaciones «lunáticas». Están dotadas, eso sí, de una gran imaginación.

Aman todas las novedades, sobre todo en el terreno de las ideas, y son sensibles a las manifestaciones artísticas.

Casi todas sienten una irresistible y enfermiza inclinación hacia la melancolía.

Personajes famosos:

Sara Bernhardt, actriz francesa de renombre internacional.

Sara Ferguson, princesa británica.

Sara Montiel, actriz cinematográfica española que alcanzó la cima del éxito con el film *El último cuplé*.

Sara de Ibáñez, poetisa uruguaya.

SEBASTIÁN – 90 –

Onomástica:

20 de enero;

25 de febrero (Sebastián de Aparicio).

Nombre que procede del griego y significa «el respetado».

Los Sebastián son muy juiciosos si bien sus juicios son calmosos, no dejándose influenciar por las apariencias. Son independientes, por lo que se pìerde el tiempo queriendo influir en ellos. De carácter bueno y leal, pero no afeminado, los Sebastián no buscan ni prodigan las amabilidades ni los halagos. En las cuestiones sentimentales son más sensuales que sensibles.

Personajes famosos:

Sebastián Bourdon, pintor francés.

Sebastián Cabot, navegante.

Sebastián Vázquez, escritor y editor madrileño.

SERAFÍN – 72 –
SERAFINA – 73 –

Onomástica:
12 de marzo (Serafina, niña);
12 de octubre (Serafín de Montegranaro).
Procede del hebreo y significa «serpiente».
¿Por qué uno se sonríe cuando oye pronunciar el nombre de Serafín? ¿Es porque el personaje, a menudo, no tiene nada de seráfico? En efecto, los Serafín no muestran mucha finura como cualidad primordial, ni ligereza como defecto dominante. No obstante, son buenas personas, no demasiado torpes y menos aún desagradables.
Personajes famosos:
Serafín Álvarez Quintero, comediógrafo español.
Serafín Estébanez Calderón, escritor español.

SERGIO – 73 –

Onomástica:
26 de setiembre.
Procede del latín y significa «servidor»
Es un nombre distinguido, no muy común. La inteligencia de los Sergios es penetrante y lógica. Su voluntad y su carácter son flexibles, actuando más bien con astucia pues quieren conseguir sus fines y detestan los fracasos.
En el plano sentimental son muy violentos, absolutistas y muy celosos.
Personajes famosos:
Sergio Mijailovich Eisenstein, director cinematográfico ruso.
Sergi Bruguera, famoso tenista español, ganador por dos años consecutivos del torneo de Roland Garros.

SILVESTRE – 129 –

Onomástica:

31 de diciembre

Del latín *silva*, «bosque», «que ama los bosques».

La mente de los Silvestre es reflexiva, aunque lenta, a la que le cuesta asimilar las ideas, pero que no las deja escapar fácilmente una vez las tiene bien comprendidas.

Sin ser «hombres de bosque», justifican su nombre en el sentido de que prefieren la soledad de la naturaleza a la compañía de sus semejantes. No es que sean fríos ni egoístas, pero son introvertidos y sólo se abren al próximo en el momento que ellos lo consideran oportuno.

Personajes famosos:

Papas, con este nombre, desde el I, que fue hecho santo, hasta el III.

Silvestre Revuelta, compositor mexicano.

SILVIA – 72 –

Onomástica:

3 de noviembre.

Del latín *silva*, bosque Se puede traducir, entonces, por: «silvestre», «de la selva».

De un temperamento entusiasta y caprichoso que las inclina a la exageración, son impetuosas hasta rebasar los límites de lo establecido. No debe sorprender a nadie, sino a ellas, que ignoran sus defectos, los disgustos que les esperan a lo largo de su existencia al ver que los hechos no responden a las esperanzas diseñadas por su imaginación.

Son personas sensibles al halago y un tanto vanidosas, frívolas y coquetas. Aman las comodidades si el conseguirlas no requiere demasiado esfuerzo por su parte.

Son bondadosas e indulgentes.
Personajes famosos:
Silvia Plath, novelista norteamericana.
Silvia Munt, actriz catalana.
Silvia Tortosa, actriz catalana.
Silvia Pinal, actriz teatral y cinematográfica mexicana.
Silvia García-Munté, bailarina catalana.

SIMÓN – 70 –

Onomástica:
16 de mayo (Simón Stock);
18 de julio (Simón de Lipuica);
28 de setiembre (Simón, monje);
28 de octubre (Simón, apóstol y mártir).
Del griego *simós*, «hombre de la nariz corta».

La característica de los que llevan este nombre es el orgullo que en la mayoría de ocasiones alcanza los dominios de la soberbia. Por modesta que fuere la posición que ocupen en la vida, se consideran infravalorados y capaces de llegar mucho más lejos, de subir más alto; y están convencidos de que si no han escalado los peldaños apetecidos ello se debe a la adversidad o las elucubraciones de los enemigos, que no a su falta de inteligencia.

Son honrados y austeros, pero gustan de hacer valer estas virtudes poniendo de relieve, a veces por simple sospecha, su falta en los demás.

Aman el riesgo que proporcionan las aventuras relacionadas con las grandes empresas o las actuaciones que otros pueden calificar de utopías o de irrealizables. Presumen del mérito de haberse forjado por sí mismos una voluntad recia, haciendo como que ignoran que no es en ellos más que una cualidad natural.

Personajes famosos:
Simón Bolívar, «El Libertador», militar y estadista venezolano, héroe nacional sudamericano por antonomasia, en quien se encarna por aquellos pagos el símbolo arquetipico de la democracia.

Simón Peres, político israelita.

SOFÍA – 50 –

Onomástica:
1 de agosto.
Procede del griego *sophia* y significa «sabiduría».

Las Sofías son, muchas de ellas, mujeres de gran valor. Por lo mismo, no son pedantes ni tampoco tienen mal carácter. Si no se lanzan a los placeres ni a las futilezas, saben, sin embargo, ser mujeres agradables, un poco bromistas incluso, y su sensibilidad pronto cautiva.

Personajes famosos:
Sofía Gay, novelista.
Sofía,Loren, actriz italiana.

SOLEDAD – 60 –

Onomástica:
Variable. Coincide con el sábado santo.
Procede del latín *solitude*, «soledfad».

Este nombre predispone a un cierto aislamiento. Las Soledad son en general buenas personas, de un físico agradable, atractivas y queridas. Su temperamento artístico las hace algo incomprendidas por la gente mediocre.

Personajes famosos:
Soledad Becerril, política española.

Onomástica:
11 de agosto.
Procede del hebreo, y significa «flor de lis».

Las Susanas no son especialmente aptas para ciertas cosas que requieran inteligencia. Muy femeninas, amables, espontáneas, son apreciadas en sociedad y encantan sin esfuerzo. Complacientes, serviciales, no están, sin embargo, dispuestas a actos heroicos ni devotamente sublimes.

Por otra parte, no puede decirse que sean tacañas: cuando una cosa les place no vacilan en adquirirla, aunque, por lo común, no son ni roñosas ni muy generosas.

Personajes famosos:
Suzanne Necker.

TEODORO – 92 –
TEODORA – 78 –

Onomástica:
28 de abril (Teodora de Alejandría);
9 de noviembre (Teodoro, mártir).
Del griego, *Theo-doron*, «don de Dios».
Pasan por la vida sigilosamente pero actúan en su transcurso de manera eficaz, como esas personas que parecen no mirar nada y que, sin embargo, lo ven todo.

Son bastante impresionables pero saben controlarse y disimularlo. Su inteligencia es buena y poseen un corazón misericordioso que les lleva en muchas ocasiones a aliviar el dolor ajeno. Su personalidad está muy bien definida.

Personajes famosos:
Teodoro Roosevelt, político norteamericano que llegó a la presidencia de su país.

Teodoro Herzl, escritor húngaro.

Theodor Heuss, político liberal alemán.

TERESA – 68 –

Onomástica:
7 de marzo (Teresa Margarita Redi, virgen);
26 de agosto (Teresa de Jesús Jornet Ibars);

1 de octubre (Teresa del niño Jesús, religiosa);
15 de octubre (Teresa de Jesús, vigen).
Del nombre personal latín *Tharasia*.

Poseen buena inteligencia, siempre o casi siempre más brillante que profunda; son entusiastas y suelen estar dotadas en grado superlativo de ese defecto tan exquisitamente femenino que se llama curiosidad.

Frecuentemente demuestran cierta tendencia a la burla y lo irónico, aunque con exención de la malicia y sin caer en lo histriónico o esperpéntico.

Su capacidad imaginativa es vivísima y se convierte, a veces, en uno de sus peores enemigos, haciéndoles creer o no creer en la realidad de las cosas, según convenga a sus intereses; se engañan a sí mismas.

Son de temperamento nervioso y muy impresionables y manifiestan una tendencia casi enfermiza por la soledad y el aislamiento, entregándose a la melancolía como otros se entregan a un vicio o dependencia.

Casi todas las mujeres que ostentan este nombre son afectuosas, serviciales, resignadas y humildes. Son amantes de su hogar, al que aportan la gracia de la sencillez y el encanto de una naturaleza bondadosa.

Personajes famosos:
Teresa Berganza, soprano madrileña.
Teresa Pamies, escritora catalana.

TOMÁS – 68 –

Onomástica:
7 de marzo (Tomás de Aquino, confesor);
22 de junio (Tomás Moro, mártir).
3 de julio (Tomás, apóstol);
25 de agosto (Tomás, obispo);

22 de setiembre (Tomás de Villanueva);

18 de noviembre (Tomás, monje);

29 de diciembre (Tomás Becket, obispo y mártir);

Nombre propio arameo, que significa gemelo, mellizo. El sobrenombre griego del apóstol era *didymos*, que igualmente tiene el significado de «mellizo».

La voluntad en ellos no es tormentosa ni impetuosa tan siquiera, pero sí son por contra perseverantes. Podríamos decir que es la suya una voluntad paciente que, poco a poco, pausadamente, avanza en la búsqueda de sus ambiciones sin desmayar en ningún momento ni retroceder un solo paso.

Sin tratarse de nada excepcional, su inteligencia es superior al nivel medio corriente. Poseen suficiente capacidad para gobernarse por sí mismos y si bien no hacen gala de una extraordinaria iniciativa, la suplen con constancia, la cual no desarrollan más que en el terreno de las cuestiones materiales; en las sentimentales son más bien un poco variables y volubles.

Se tienen en alto concepto y es fácil herir su amor propio.

Personajes famosos:

Tomás Alva Edison, físico e inventor, en cuyo haber se contabilizan el fonógrafo, lámpara de incandescencia, telégrafo de inducción, acumulador, y un largo etcétera.

Tomás Torquemada, primer jefe de inquisidores del Santo Oficio.

Tomás Addison, médico inglés.

Tomás Bretón, compositor español.

Tomás Mann, premio Nobel de literatura del año 1929.

URBANO – 71 –

Onomástica:
6 de abril (Urbano, abad);
29 de julio (Urbano II, papa);
19 de diciembre (Urbano V, papa).
Del latín *urbs*, «villa», «habitante de la villa».

Los Urbano son educados, destacándose por su gran sociabilidad, su propensión a prestar pequeño favores y a dedicarse con devoción a las grandes empresas en beneficio de sí mismos.

Personajes famosos:
Papas con este nombre, desde el I (San Urbano) hasta el VIII.

ÚRSULA – 92 –

Onomástica:
21 de octubre (Úrsula, virgen y mártir).
Del latín *Ursula*, derivado de *urs*, hueso. Úrsula significa: «hueso».

La voluntad en las mujeres que así se denominan no pasa de ser un conato, un amago, un flash de fuego fatuo.

A pesar de su bondad se advierte en ellas un leve atisbo de egoísmo.

La inteligencia es buena, suele estar cultivada, y poseen un temperamento artístico sobremanera notable.

Muy impresionables, la última opinión que oyen es la suya.

Personajes famosos:

Ursula Andress, actriz cinematográfica nacida en Berna.

Ursula K. Le Guin, escritora estadounidense de cienciaficción.

VALENTÍN – 97 –
VALENTINA – 98 –

Onomástica:

14 de febrero (Valentín, presbítero y mártir; Valentín, obispo y mártir);

4 de julio (Valentín Berrio-Ochoa);

16 de julio y 29 de octubre (Valentín, obispo);

25 de julio (Valentina, mártir);

11 y 13 de noviembre (Valentín, mártir).

Del latín *Valentinus*, fuerte, robusto.

Todos los que llevan este nombre se distinguen por su alto concepto del deber y de la justicia, contra lo cual no admiten la menor disquisición. Nada razona a sus ojos que se deserte del cumplimiento que cada uno tiene que realizar en función de la tarea asignada, ni tampoco que se inhiba nadie de las responsabilidades adquiridas. De carácter bondadoso, no carecen de la firmeza necesaria para sustentar sus opiniones que, a veces, chocan frontalmente con las que son comunes a la mayoría de los mortales.

Existe en quienes llevan este nombre un noble y enmohecido romanticismo que les lleva a acometer empresas de alto vuelo espiritual; a menudo se les compara con la esperpéntica figura del desfacedor de entuertos, aquel Alonso Quijano, alias Don Quijote, que arremetió lanza en ristre contra las aspas de aquel «molino».

La imaginación, viva y ardiente, les empuja, en ocasiones, fuera del marco real de la existencia. Grandes idealistas, carecen en absoluto de sentido práctico y son malos administradores de sus bienes.

Personajes famosos:

Valentín Almirall, escritor y político catalán.

Valentín González, «el Campesino», general español de la República.

VALERIANO – 96 –
VALERIANA – 82 –
VALERIO – 81 –

Onomástica:

28 de enero (Valerio, obispo);

23 de julio (Valeriano, obispo)

9 de diciembre (Valeriana, mártir).

Del latín, «valeroso».

No son, los que este nombre llevan, gente mediocre. Sabedores de ello, desdeñan las mezquindades, las bajezas, los acomodos. Su deseo de mantenerse siempre en una posición elevada provoca, a veces, cierta tirantez en su trato. Por ello se les acusa de desdeñosos y soberbios. Sólo se sienten a su aire en compañía de un pequeño número de íntimos, mostrándose reservados con los otros, por lo que, por parte de estos últimos, son tachados de frialdad y sequedad de corazón.

Personajes famosos:

Valery Giscard d'Estaing, político francés, presidente de la República de 1974 a 1981.

Valerio Lazarof, realizador de televisión.

VERÓNICA – 86 –

Onomástica:
13 de enero (Verónica de Vinasco);
4 de febrero (Verónica Berenice);
9 de Julio (Verónica, monja).
Del latín, «la verdadera imagen».

Las Verónicas llegan a conseguir lo más complicado a fuerza de reflexión y de lógica perseverancia; su voluntad, al igual que su inteligencia es obstinada, sin sobresaltos y sin debilidades. No es que se propongan metas extraordinarias pero no cejan en conseguir las que se han fijado como objetivo. Sentimentalmente se muestran algo frías pero, cuando, una vez su corazón se ve atrapado, el asunto es definitivo, sólido y profundo.

Personajes famosos:
Verónica Forqué, actriz catalana.

VICENTE – 78 –

Onomástica:
22 de enero (Vicente, mártir);
5 de abril (Vicente Ferrer)
19 de julio (Vicente de Paul)
Del latín *vincere*, «vencer».

Un excelente nombre, que comporta un armonioso equilibrio. Un espíritu muy sagaz, muy intuitivo, al que le gusta todo lo bello en cualquier forma. Disponen de gran tenacidad, pero carecen de flexibilidad ante los acontecimientos que se presentan en su vida sorpresivamente. De buen corazón, son sensibles a todas las miserias humanas. Son también realistas, prácticos e ingeniosos. Un poco de afectación enturbia algo su natural talento.

Ambiciosos, pueden renunciar al amor o a los sentimientos para lograr lo que quieren.

Personajes famosos:
Vicente Bellini, compositor operístico italiano.
Vicente Espinel, escritor clásico español.
Vicente Blasco Ibáñez, novelista español.
Vicente Huidrobo, poeta chileno.
Vicente Aleixandre, poeta español.

VÍCTOR – 87 –
VICTORIA – 97 –

Onomástica:
21 de julio (Víctor de Marsella);
26 de agosto (Víctor, mártir);
17 de noviembre (Victoria, mártir)
23 de diciembre (Victoria).
Del latín *victor*, «vencedor».

De inteligencia despierta, viva y despejada, más brillante y espectacular que profunda, llevan en sí unos gramos de espíritu de intriga que, unido a una gran firmeza de carácter, les proporciona muchos éxitos en la vida. Son personas frías, diplomáticas, reservadas hasta en sus momentos de mayor expansión, calculadoras, ordenadas y metódicas hasta el mimetismo. En ellas se mezcla de forma curiosa y antinómica la inclinación materialista con la sustancia idealista; en sus ambiciones aparece una pincelada de rancio misticismo y un evidente afán de dominio espiritual y material.

Personajes famosos:
Victor Hugo, novelista francés autor de *Los Miserables*.
Víctor Balaguer, escritor y político catalán.
Vittorio (Victor) Gassman, actor de cine italiano.
Victor Paz Estensoro, político boliviano.

VIDAL – 48 –

Onomástica:
4 de noviembre.
Del latín, «vivo», «que da la vida».
Los Vidal disponen de una buena inteligencia, creativa y brillante. Laboriosos, francos, enérgicos y decididos, son hombres de acción, a despecho de cierta melancolía que les invade a veces, pero que saben superar con un esfuerzo de voluntad. Corazones leales y fieles, cuyas manifestaciones exteriores, lejos de ser exageradas, quedan por debajo de la verdadera realidad.

VIOLETA – 84 –

Onomástica:
4 de agosto.
Evoca la flor del mismo nombre.
Si bien la flor es humilde, no ocurre así con las mujeres que llevan dicho nombre. Gentiles, amables, espontáneas, no del todo melancólicas ni quejicas, siempre dispuestas a gozar del menor placer y a compartirlo con las personas de su entorno. Inteligentes y sutiles bajo la apariencia de algo frívolas, saben conducir a buen puerto su barca, evitando los arrecifes y los escollos.
Personajes famosos:
Violeta Chamorro, política nicaragüense.

VIRGINIA – 89 –

Onomástica:
31 de enero (Virginia, pastora);

21 de mayo (Virginia viuda);
14 de agosto (Virginia virgen y mártir).

Nombre latín, procedente de *virgo, virginis*, «virgen».

Acostumbradas al mando y a manejarse por sí mismas, no pierden jamás el amor a su independencia y esta manera de ser y comportarse, que cuando son solteras le es necesaria, se convierte en un grave riesgo para su felicidad conyugal cuando contraen matrimonio ya que pretenden colocarse en primer término, anulando parcial o totalmente la figura del compañero o cónyuge. A la larga, esta característica inalienable de las Virginia, acaba creándoles serios y graves problemas.

Són hábiles, por otra parte, en el planteamiento y desarrollo de los negocios, para los cuales tienen una predisposición innata y un genio instintivo. Son inteligentes y poseen un gusto exquisito para el adorno de sus hogares y de su persona.

La mayoría carecen de escrúpulos de orden moral y, en amor, prudentes y recelosas, acostumbran a no sacrificar sus caprichos.

Personajes famosos:

Virginia Woolf, escritora inglesa.

Virginia Mayo, actriz de cine norteamericana.

Virginia Dejazet, actriz francesa.

Virginia Mataix, actriz española.

ZACARÍAS – 78 –

Onomástica:
6 de setiembre (Zacarías, profeta);
5 de noviembre (Zacarías, padre de Juan el Bautista).
Procede del hebreo y significa «memoria del Señor».
Los Zacarías no son unos Don Quijote, pero son calmosos, ponderados, reflexivos. Uno puede fiarse de sus juicios como también de su corazón, ambos rectos y sólidos.
Personajes famosos:
Zacarías Werner, dramaturgo alemán.
Zacarías Taylor, militar y político norteamericano.
Zacarías Topelius, poeta finlandés.

ZENÓN – 74 –

Onomástica:
14 de febrero, 5 de abril, 12 de abril, 20 de abril, 23 de junio, 9 y 10 de julio, 2, 3, 5 y 8 de setiembre, 22 de diciembre (Zenón, mártir);
20 de diciembre (Zenón, soldado).
Nombre de origen griego que significa «vida en común».
Fríos, serenos, a veces rígidos e inflexibles, dotados de gran ambición, son los personajes que ostentan este nombre.

203

Manejan con prudencia los negocios y parecen ser audaces por lanzarse en apariencia de una manera impetuosa a acometer empresas que, de antemano y escrupulosamente, han estudiado en los menores detalles hasta estar seguros de que existe un alto porcentaje de posibilidades de éxito; como casi nunca se advierte esta callada tarea de preparación y, en cambio, sí se nota la virulencia en la acometida y se conocen los riesgos inmensos que un fracaso comportaría, gozan de la mencionada reputación de personas audaces, sin serlo en modo alguno; antes bien, todo lo opuesto.

Poseen un golpe de vista rápido y certero lo cual les permite juguetear con notable acierto en las inversiones bursátiles e involucrarse en flirteos comerciales tan espectaculares como especulativos, de los que siempre, siempre, como si de un axioma de fe se tratara, salen inmejorablemente librados.

En su materialidad poseen débiles lagunas de idealismo que desconciertan al observador; son absolutamente sinceros excepto cuando se hallan inmersos en el mundo de la bolsa o de los negocios.

No debe contarse con ellos, en absoluto, cuando se pretenda la concesión de un favor desinteresado.

Personajes famosos:

Zenón de Elea, filósofo griego.

Zenón de Citio, ilustre griego que tras leer las *Memorables*, de Jenofonte, sintióse inclinado hacia la filosofía.

Zenón, yerno de León I, emperador de Oriente, que defendiendo las teorías religiosas nacidas del monofisismo, provocó un cisma con Roma.